NOTAS SOBRE A FOME

Helena Silvestre

NOTAS SOBRE A FOME

1ª edição

EXPRESSÃO POPULAR

São Paulo – 2021

Copyright © 2021 by Editora Expressão Popular

Edição: Lia Urbini
Revisão: Miguel Yoshida, Cecília Luedemann e Lia Urbini
Projeto gráfico e diagramação: Zap Design
Impressão: Paym

Dados Internacionais de Catalogação-na-Publicação (CIP)

S587n Silvestre, Helena
Notas sobre a fome / Helena Silvestre. --1.ed.-- São Paulo: Expressão Popular, 2021.
144 p.

ISBN 978-65-5891-035-0

1. Fome. I. Título.
CDU 612.391

Catalogação na Publicação: Eliane M. S. Jovanovich CRB 9/1250

Todos os direitos reservados.
Nenhuma parte desse livro pode ser utilizada ou reproduzida sem a autorização da editora.

Publicado pela primeira vez pela Ciclo Contínuo Editorial, em 2019.

1ª edição pela Expressão Popular: agosto de 2021
1ª reimpressão: setembro de 2022

EDITORA EXPRESSÃO POPULAR
Rua Abolição, 197 – Bela Vista
CEP 01319-010 – São Paulo – SP
Tel: (11) 3112-0941 / 3105-9500
livraria@expressaopopular.com.br
www.expressaopopular.com.br
ed.expressaopopular
editoraexpressaopopular

Sumário

Apresentação 11

O RECHEIO DO VÃO

Nota 1. Ensaio sobre a fome 17

Nota 2. Gregor Samsa 23

Nota 3. Dona Francisquinha 25

Nota 4. Caveirão 33

Nota 5. Água na boca 35

Nota 6. Salvador 41

Nota 7. Só um golinho de café 43

Nota 8. Se fica bom nos meus olhos... 47

Nota 9. Farinhada 51

Nota 10. Dia cinco 53

Nota 11. A oitava noite 55

Nota 12. Trovoa 57

Nota 13. Depois da oitava carta 61

Nota 14. Carta não entregue à filósofa da exigência 63

Nota 15. Como me tornei feminista 83

Nota 16. Carta não entregue ao feminismo 89

Nota 17. Sem nome 95

Nota 18. Saudação às armas 99

O QUE DÁ DE COMER

Nota 19. Carió de vasilha 103

Nota 20. Cru e Cozido 105

Nota 21. Serralha de quintal 107

Nota 22. Gamela 109

Nota 23. O.N.G. 111

Nota 24. São Paulo 113

Nota 25. E se...? 115

Nota 26. O menino São Matheus 117

Nota 27. Agua Marfil 123

Nota 28. Velório de quintal 129

Nota 29. A deusa da lua negra 131

Nota 30. Agroecologia 135

APÊNDICE

Nota 31. Feira Literária 139

Dedico este livro à minha avó, raiz fincada no seio da minha existência e origem da primeira comunidade que me pariu: comunidade de favelíndios nos tempos do cólera.

Dedico este livro a todos os povos arrancados da terra, que retomam e ocupam, buscando desesperadamente a ela regressar.

À ancestralidade afroindígena em minhas veias, cabeça, coração e corpo, pele do meu espírito.

A todos os Saraus, que são escolas – sem paredes – perseguidoras de um mundo novo.

À Ana Maria Morales Troya, Lucía Tennina e Suzi Soares, amigas, irmãs, leitoras atentas e sensíveis, que emprestaram olhos para curar a minha miopia.

À Sonia Bischaim, pela inestimável ajuda em lapidar a pedra bruta da palavra.

À Carolina Maria de Jesus, mulher negra e força milenar, que atravessa a história nutrindo as almas de coragem e de sabedoria.

A Solano Trindade, poeta negro, comunista de nosso maracatu libertário, homem, a um só tempo, do povo e das letras maiores.

A Josué de Castro, mais um filho dos sertões deste Brasil Veredas. Essa Pindorama donde brotamos – caranguejos –, nos transmutando a respirar na lama dos mangues.

Aos condenados da terra que, em meio à batalha de saciar a própria fome, encontram caminho para escrever a vida e compartilhá-la onde nossos corpos não alcançam chegar.

Para Ana Cecília Nascimento, Ana Paula do Val, Athos Sampayo, Claudinei Mota, Elania Francisca, Eliana Pereira Silva, Emi Tanaka, Érica Peçanha, Fernando Saraiva, Heloisa Yoshioka, Juan Francisco Castillo, Karina Cardoso Meira, Katia Flora, Mario Oliveira, Michel Yakini, Murilo Van der Laan, Natália Luzia de Souza Guimarães, Natália Néris, Pedro Pablo Fermin Maguire, Rafael Fernandes, Regiane Moura, Rosa Maria Falzoni, Rose Oliveira, Sonia Regina Bischain, Suzi Soares, Tadeu Brandão Cavalcante, Tainá Felix e Tatiana Minchoni por contribuírem com a concretização da publicação.

"A tontura da fome é pior do que a do álcool. A tontura do álcool nos impele a cantar. Mas a da fome nos faz tremer. Percebi que é horrível ter só ar dentro do estômago".
Carolina Maria de Jesus em *Quarto de despejo*, 1960.

"Ainda sou poeta
meu poema
levanta os meus irmãos.
Minhas amadas
se preparam para a luta,
os tambores
não são mais pacíficos
até as palmeiras
têm amor à liberdade".
trecho do poema "Canto dos Palmares", de Solano Trindade

"se tem gente com fome
dá de comer"
trecho do poema "Tem gente com fome", de Solano Trindade

[Na década de 1940, o poema "Tem gente com fome" foi proibido e fez com que livros de Solano Trindade fossem tirados de circulação.]

Apresentação

ANA MARÍA MORALES TROYA[1]

Helena faz uma incursão intelectual, autobiográfica, visceral, pessoal e coletiva no cotidiano da vida urbana dessa enorme megalópole que é São Paulo, sempre se referindo a outros territórios de origem. O livro é uma "litania de sobrevivência", alinhavando-nos ao poema de Audre Lorde. Uma inesgotável descrição e reflexão acerca da humanidade que transita pelas favelas paulistas, de raízes afro-indígenas, que recupera territórios e se sobrepõe ante o avanço do capital. Pelo livro atravessam personagens e tramas que mostram aquilo que é inapropriável do coletivo, sociabilidade que não permite categorias, que é a seiva da sobrevivência. A fome no estômago e no mundo, fome de humanidade; as dores que o feminismo está transformando com a sabedoria ancestral. *Notas sobre a fome* indaga sobre uma transformação motorizada pelo amor, pelo Mapinguarí, pela ira. Quais são os limites do desejo e as suas condições? Helena se pergunta: posso desejar, como? E não a partir de uma pulsão sexual

---

[1] Antropóloga feminista equatoriana, editora da *Revista Amazonas* e estudante do Doutorado em Antropologia Social na Universidad Nacional de San Martín (UNSAM), Argentina.

individual, mas coletiva, social e humana, um desejo de que sua percepção esteja condicionada pelas origens, pela classe, pelo gênero. Quais são os vínculos entre a diversidade de seres vivos, as relações entre eles e suas guerras? São perguntas sugestivas que atravessam os textos. Os pensamentos e o sentido do mundo de uma menina, de uma adolescente, de uma guerreira; o cheiro, o sonho e a raiva que a realidade provoca, com o seu poder de transformação, aparecem nos capítulos.

O livro reflete as lutas e redes que coexistem com a ancestralidade e a miséria do capital; vemos que o bairro, a favela e a família (que não se restringe a parentesco) se formam a partir de circunstâncias alheias, incontroláveis, mas também a partir de empatia. Os laços humanos surgem em relações que são tecidas sem se renderem à violência e à morte impostas pelo capital, que procura destruir os vínculos e tecidos comunitários. Um helicóptero voa, é ouvido, e apesar dos gritos de dor pelo assassinato de um jovem, não pousa.

O livro mostra não apenas antigos pactos patriarcais e coloniais, mas também os pactos femininos ancestrais. Guerreiras e guerreiros que habitam os corpos e que ardem diante das ameaças contra a vida; as invocações, a bruxaria e os oráculos como aprendizagens incorporadas e habitadas como parte da resiliência; ainda que não vivam exclusivamente aí. O progresso e a esquerda não aparecem como uma derrota, mas como uma utopia que nunca convenceu um território real, nunca o libertou. As palavras de Helena mostram os desentendimentos da teoria com a realidade, com nitidez para se comunicar e entender; dialoga com o marxismo, sobre suas identificações e distâncias. Cada capítulo demonstra uma humanidade não homogeneizante, mutante com raízes que tecem a sua sobrevivência.

Helena fala sobre o feminismo, sobre como o incorporou em sua militância, sem diminuir as lutas de mulheres antecessoras que sustentaram a ela e a sua linhagem. Tecidos que refletem o que vive nos passados clandestinos, negados, que desumanizaram as mulheres indígenas e afrodescendentes; sobre isso, a autora se pergunta: como essa outra história de opressão entra e questiona o feminismo? Tem ela um lugar no "feminismo branco/ocidental"? Esta "história" aparece no livro por meio de narrativas pessoais e políticas da autora. Seu feminismo e sua militância são forjados pela resistência à apropriação colonial e capitalista que racializa e que tem argamassa patriarcal, destroços territoriais e pessoais.

O livro é uma provocação, uma intensa reflexão que não é categorizável, narrada por uma voz irreverente de mulher.

O recheio do vão

Nota 1. Ensaio sobre a fome

Ninguém, além de mim, poderia escrever estas notas. Penso por um segundo e me dou conta de que não há nisso mérito algum. Na verdade, o mundo me provou – ao longo de 34 anos – que o mérito nesta sociedade é uma ficção sórdida.

Eu sei sobre a fome; porque já a senti me atravessar as veias – isso que as pessoas daqui aprenderam que tinha o nome de fome. Conheci o buraco vazio que avança, engolindo todas as beiradas de um desejo que não nasce na cabeça e que precisa de comida, tão forte é esse desejo.

Saber sobre a fome é saber também sobre aquilo que as pessoas daqui aprenderam a chamar de desejo.

Todo animal possui instintos de sobrevivência, tão intensa é a ligação da vida com a vida.

Todas as plantas crescem na direção do sol, esticando-se, ao longo da vida, em busca de comida, escalando paredes de apartamentos e montanhas ou descansando, freneticamente, no fundo dos oceanos escuros tentando sintetizar alguma luz, tão intensa é a química, a física e a matemática que se desembrulham nas células do nosso desejo de viver.

Quanto mais a fome grita, com sua boca enorme arreganhada em nossas barrigas, mais o desejo se escancara, buscando alguma claridade luminosa onde possa agarrar suas unhas vermelhas.

Que fome é essa? O homem-calango, que filmava dores ressecadas dos sertanejos, contava que a aparência digna da fome é a violência.

Não acho que seja violência a palavra que nomeie isso. A aparição digna tem a cara do Mapinguarí. Abre sua boca enorme, inscrita no meio da barriga, e vocifera o urro que imita o som do caçador que ele devora; não teme caçador nenhum, só teme a preguiça, indomesticável, descansa a sabedoria de velhos xamãs que se transformaram em floresta e a defende do humano.

A fome é humana.

A fome é uma praga que os homens fabricaram contra outros homens e mulheres e é também o que move a ira do Mapinguarí que deseja viver, que deseja o desejo sem narrativa da natureza, que é viver.

Saber sobre a fome é saber também sobre desejo.

Possuo esse conhecimento, tão popular nas terras baixas, e tão raro nos círculos da Ciência Social, que nos estuda para compreender como é que se comportam outras "raças" diante do caos e diante da esperança, "serão apáticos ou revolucionários?". Se perguntam os economistas, os cientistas políticos, os literatos e toda faixa iluminista. "Serão integrados ao vertiginoso ritmo das forças produtivas, substituídos por inteligências artificiais, ou reverterão o tempo re-habilitando tecnologias xamânicas?". Questionam engenheiros e físicos, assim como antropólogos e cosmopolíticos.

Este não é um livro, este é um diário, uma coleção de fatos e pensamentos, uma espécie de descrição etnográfica feita desde a fome, com fome, entorpecendo de desejo tudo que resiste a ela e à sua dor alimentada de vazio e ausência de comida.

Muito difícil pensar com fome. Muito difícil desenvolver-se com fome, cantar com fome, amar com fome, desapegar-se, estando com fome. Tudo aquilo que mora na mais rica experiência da vida vai sendo arrancado de nós e nossos corpos se atrofiam, como radares embaçados que não captam bem a luz.

Imagine que não sei nadar. Não faz nenhum sentido que uma pessoa de 34 anos, nascida onde reside a maior reserva de água doce do mundo, avizinhada de uma das maiores costas ladeando um país, não saiba nadar.

Há coisas informadas à minha inteligência, pelo meu território em contato com meu corpo, e eu fui desfigurada ao possuir dispositivos de conhecimento que a fome atrofiou, porque conheci o mar já com alta idade.

Mas o desejo – que se esticava, buscando fotossintetizar-se dentro de mim – foi tão enorme que achou ondas de luz opaca no fundo de uma densa lama e respirou, junto dos caranguejos no mangue. Tornei-me caranguejo antes de conhecer o mar.

Ninguém deveria sobreviver a essa inversão de tempos e ter de empurrar tanta força para germinar nos escombros. É muito custoso.

O olho ocidental, que estigmatizou a preguiça, não sabe sentir o que é manter-se vivo e são, e apostando no dia seguinte, em meio ao tiroteio ensurdecedor da modernidade cheia de *outdoors*, MEIs, carros, celulares, sonares e aviões cruzando sobre as nossas cabeças desprotegidas diante de qualquer mínima intempérie do capital, sem teto certo, nomadeando sem-terra e sem emprego, com a velhice fracassada de remédios e um salário-mínimo, sustentando netos e netas sem destino.

Na verdade, muita gente poderia escrever estas notas. Mas não o faz porque, afinal de contas, não muda em nada o aluguel do mês que vem, e nem aumenta o tempo em que se pode estar embriagado de televisão ou de álcool.

Assim, este livro não se explica nem para quem escreve sobre a fome (e não a sente), como tampouco se faz compreender entre os que – como eu – sentem fome e sabem que de nada adianta mais um livro qualquer, para arremedar o vão que cresce sob a pele que cobre as costelas à vista.

Escreverei.

Me sinto, às vezes, uma lata, tentando reciclar-se, todos os dias, num mundo povoado de embalagens trituradas e refeitas.

Escreverei mesmo sem saber nadar, e – mergulhando num delírio espremido entre prédios e barracos de madeira – atravesso para algum desconhecido idioma e povo.

Arrisco-me a ser aquilo que o outro não entende, par e passo com o fato de que eu também não entendo nada. Mas aqui estamos, comprovando a possibilidade sincrônica de existir integrando o mesmo sistema, sem que se igualem as peças e sem que minha experiência subalternize as vossas no assassinato universalizante da equivalência geral.

Eu aprendi um pouco da língua de quem não sente a fome.

Acho que venho estudando pessoas diferentes desse meu caminho que são outro arranjo de vida, outra sociedade.

Tenho amigos que vivem em outro país, mesmo tendo vivido sempre, e ainda agora, neste mesmo país que eu.

A obsessão por entender a fome, a sincera aposta em desmontar a engrenagem da fome, os levam a defender famintos, mas sem conhecer a ira do Mapinguarí. Os levam a serem marxistas, comunistas, anarquistas, socialistas, autonomistas – alguns mais sérios que outros.

Os levaram a elaborar, por muito tempo, sobre a fome alheia, confundindo, na teoria, seu lugar de existência com o nosso lugar de existência. Toda essa elaboração da fome, da qual me alimento também, chega sempre a seu limite quando se acirra, como um poste caído do céu fincando-se no chão, a polarização de classes que impede estar no meio, intermediariamente ocupando um espaço que transita entre dois.
Foi compreendendo isso que tomei notas.

Porque se em meu corpo se desativaram dispositivos milenares de relacionamento e estudo da vida, minha travessia entre os escombros, até aqui, me muniu de dispositivos novos, recalculando rotas na lama de todo o lixo ocidental mercadológico, sem retroceder, expandindo-se e enlouquecendo de fome e de desejo.

Tudo é autoficção e com fome escrevo, mesmo agora.
A fome enlouquece todo santo dia.

Nota 2. Gregor Samsa

Eu não poderia mais chorar na presença de outra pessoa. A feiticeira me ensinou que as lágrimas tristes amargam qualquer comida, e eu tinha medo de amargar, sem querer, o sangue de meus homens e o leite que, de suas tetas, minhas mulheres serviam às crianças.

Encontrei um porão no meio da casa velha, mofado como o meu peito, onde me enfiei e desabei em lava salgada.

A sensação de ser eu mesma uma siri irritada dentro de uma lata começava a se apontar insuportável, e as minhas costas vinham se dobrando há muito mais que 12 meses.

Inevitavelmente me lembrei de Gregor Samsa.

Nada fazia sentido.

Nem as pilhas de carros e nem as paredes e todas as parafernalhas cibernéticas, nada fazia sentido na cidade. Nem o amor, nem todos os meus casamentos, nem as diversas famílias que tentei reproduzir em círculos afetados pela desconexão, nada.

Eu me olhava no reflexo da lata e me via na aparência essencial de um guaiamum cheio de ódio.

Só quem desconhece o abandono se lança sem medo. E o medo era quase sempre a trava de qualquer movimentação.

Eu desejava. Mas não sabia desejar. Desejar nasce com a gente, mas saber desejar é das tarefas mais complicadas que encontrei.

O desejo pode tomar conta de uma pessoa inteira, todinha. O desejo que uma pessoa todinha deseja pode até acontecer, mas a minha problemática era: *Como desejar o que eu quero desejar?* Essa pergunta se tornou a ideia que rondava cada pedaço da minha cabeça e eu não tinha pra onde correr.

Não se pode fugir da própria cabeça, não se pode apartar-se do próprio coração, disse certa vez Montanha Russa.

Por vários dias eu desejava coisas, mas elas não me tomavam mais o corpo todo, como quando eu nem pensava sobre isso e desejava até com os poros. Sentia-me feito uma barata presa na teia de uma aranha, mas sem aranha nenhuma, parada, suspensa e agarrada a muitos fios que me acompanham constantemente, mas que nem sempre são visíveis.

Eu precisava aprender a desejar.

Nota 3. Dona Francisquinha

Por alguns dias, eu sentia febres e suava como uma caçarola. Não sabia o que tinha e não queria ir ao médico, porque os médicos que tratam os pobres às vezes são bons e às vezes não, depende muito dos olhos.

Desde que o homem de braço desenhado chegou àquele lugar edificado sobre o zero, procurando onde eu estava naquela madrugada, senti que haviam coisas distintas. Ele dizia que me procurava para me matar e que, se em dez dias as mil pessoas que ali estávamos não partissem, ele daria cabo de mim – *Ela não poderá se esconder, eu sei onde ela vive e sei por onde ela passa. Diga que se não saírem todos, eu vou encontrá-la.* Disse estas coisas ao Zé Neto, que passava quase a madrugada toda na beirada da fogueira com sua garrafa de cachaça.

Os sábios dos bairros e favelas nada têm a ver com os sábios das universidades. Eles sempre sabem a história que levou uma pessoa até o ponto de contato em que a conheceram. Eu soube do Zé Neto assim. Um sábio me contou. Ele tinha muitos filhos e uma companheira, mas um morro veio abaixo durante um temporal e esmagou a todos eles. O Zé Neto, que estava no trabalho, foi avisado do que estava acontecendo e trabalhou com os bombeiros em busca do que nunca mais encontrou: família, acolhida e sossego. Desde então ele bebia, porque a tristeza dentro dele não matava a sede nunca, e ele também parou de cantar.

Depois que o homem de braço desenhado foi embora, Zé Neto esperou até que eu acordasse e me contou muito detalhadamente tudo o que acontecera. Disse que eu não me preocupasse, que ele e outros mais iriam me proteger.

Passei o dia com a história visitando o pensamento, sem saber ao certo o que deveria fazer e, à noite, veio a primeira febre.

No barraco onde passei esta noite mantive um candeeiro aceso. O medo do escuro me pegava no mesmo buraco que a febre, dentro da cabeça. Eu não disse nada a ninguém. Não sabia o que dizer e o calor queimava a minha pele.

Nessa época, eu parecia uma pessoa inventada. Ninguém tocava minha origem e, quando contada, ela nunca parecia fazer sentido, tão miserável era a história e tão robusta de coragem eu me mostrava. Eu não podia ligar para minha mãe e pedir-lhe um conselho e não podia dizer a meu pai que estava com medo.

Eu suava e sentia frio, pensando essas coisas.

Acordei na manhã seguinte e juntei alguns irmãos e irmãs que comungavam da batalha comigo, lhes expliquei toda a história e apresentei – aparentemente serena – algumas ideias que levavam todas ao mesmo caminho: ninguém recuaria um passo; se a ameaça tentava impor-nos o medo, nós combateríamos com coragem.

Concordaram e ficaram muito felizes de que eu não estivesse com medo, o que era uma ilusão que, naquele momento, se fazia necessária. Fizemos muitos preparativos de como fazer as coisas, conversamos com outras pessoas e o dia se passou sem que todos soubessem ainda. À noite, febres outra vez me agarravam. Eu dormia mal, mas tinha na mente a assembleia do dia seguinte.

Na assembleia geral, subi naquele pequeno banco para contar a todos, pois era importante que me olhassem e soubessem que aquelas palavras não sairiam apenas dos meus lábios, eram palavras difíceis que emanavam de um corpo atento ao confronto. – *Se nos ameaçam para que saiamos, agora mais ainda é que vamos ficar e fincamos aqui raízes que nem o medo arrancará da terra.*

Tudo se passou rápido e as pessoas, pobres como eu, vulneráveis como eu, sabiam mais do que ninguém escapar das mortes sopradas no vento cotidiano.

Arranjamos grupos de vigília e grupos de ronda, nenhuma noite se passaria sem que olhos nossos, preparados, estivessem bem abertos na escuridão entre os barracos sem luz elétrica. Organizamos o revezamento e vários homens e mulheres sentiram-se fortes. Os pobres sabem que são muitos e sabem também que é esse nosso escudo e nossa arma. É um saber que às vezes dorme, mas desperta dentro quando acende alguma luz amarela piscando no juízo de quem quer viver.

Eu estava muito cansada e fui me desvencilhando de todas as rodinhas de conversa, no rumo do barraco onde passaria aquela noite.

Senti uma mão áspera e de dedos muito grossos me segurar com cuidado pelo braço. Voltei os olhos e era Dona Francisquinha.

– *Você precisa da proteção de fora, minha filha, da proteção que te acompanha e que você nem sabe.*

Eu não entendi de pronto, mas os olhos muito pretos dela estavam acesos, feito duas jabuticabas brilhando no breu. Eu fiquei em silêncio e assenti com a cabeça. Ela disse umas palavras que não pude entender, com a voz baixa e os olhos fechados, enquanto fazia sinais com os dedos grudados em minha testa.

Agradeci e de pronto me recolhi, deitando naquela cama improvisada de paletes, sentindo que o frio me agarraria outra vez. Eu precisava dormir. Era muito custoso se afigurar forte nessas lamentáveis condições, mas eu estava acostumada e a febre era o que mais me demolia, posto que, sem dormir, não podia recuperar tudo o que eu gastava em ser sem medo.

Não sei dizer quanto tempo se passou. A febre era alta e fazia moscas volantes nas minhas vistas, como se eu enxergasse poeiras voando na direção da luz. Mal ouvi quando bateram na porta. Percebi quando Dona Francisquinha entrou, junto com Naná e seus dois metros de altura.

– Ela está variando, minha filha. Vamos acudir porque os espíritos guerreiros estão brigando dentro dela. São muitos os que habitam aí adormecidos e parece que querem todos levantar de uma só vez.

Minhas roupas estavam molhadas de suor. Senti as mãos de Naná me levantarem e me sentarem na cama. As ervas que elas carregavam formavam uma espécie de espanador que elas molhavam numa água mais gelada que o gelo e que passavam por todo o meu corpo, enquanto faziam rezas e convocavam poderes que eu não conhecia.

Elas me benziam e convocavam os espíritos dentro de mim a organizarem sua desforra. Eu era um cavalo, cavalgada por espíritos antigos em busca de libertação e comida.

Não me lembro de mais nada.

Quando despertei era já sol quente, e eu sabia disso mesmo sem sair do barraco, porque o calor aquece as lonas do teto até que tudo se transforme em um forno. O barraco estava trancado e eu estava ali dentro. Eu batia nas paredes de madeirite. Mas não foi preciso mais do que um segundo para que alguém abrisse: elas puseram Zé Neto sentado à porta do barraco, de guardião do meu sono, naquela madrugada, e ele, muito zeloso, decidiu por trancá-lo, porque vez ou outra precisava ir ao banheiro.

Acho que não haveria mesmo um guardião mais dedicado que ele.

Disse-me que a minha cara estava bem melhor.

Fui ao barraco onde tomávamos banho e banhei-me, como sempre fazíamos todos, um banho de cuia e água gelada. Eu me sentia bem, mas estava grudada de tanto suor.

Comi como um touro com fome e desanquei a andar pela terra, falando com toda a gente e fazendo mil coisas que ninguém faz na cidade aberta, mas que são cotidianas nas ocupações.

Nas ocupações a gente acorda cedo e busca água lá na bica, porque não temos água encanada; a gente gasta um pedaço do tempo em remendar a lona dos telhados – que sempre se racham, ressecadas pelo sol. A gente recolhe madeiras e as armazena em lugar seguro para garantir que a noite seja iluminada de fogueiras, a gente descasca mil quilos de legumes ganhados na xepa da feira e faz a mágica do caldeirão que alimenta os batalhões que dividem o dia em fazer banheiros coletivos ou em marcha pelas cidades a dizer para os governos que não morreremos calados. A gente brinca com as crianças e anda descalço na terra, a gente fuma cachimbo e anda no meio do mato.

O dia passa e, sem luz elétrica, a gente funciona, mais parecidos com os bichos. Ficou noite outra vez e eu estava tão melhor que sentia *vontade* de cantar e tocar em volta da fogueira. Eu cantava e tocava e aquele rapaz estranho me olhava com olhos que não me agradavam muito.

Outra vez sentia aquelas mãos no meu ombro e a voz baixinha me chamava para conversar afastada dali.

– *Vim para lhe dizer que o que você tem não é doença, minha filha. O que você tem são guerreiros. Eles sentiram a ameaça e fizeram rebuliço ao tentar sair todos ao mesmo tempo, mas saíam em seu socorro. Você precisa aprender a conversar com tudo isso ou pode endoidar. Mas, se aprender, não haverá quem possa machucar você ou a terra em que pisar. Eu posso te ensinar, porque você é boa pessoa e faz muito por quem não tem nada. Mas precisa me contar de onde você vem.*

Eu respeitava muito aquela mulher, assim como todas as sábias mulheres que carregavam fardos de vida inteira, mesmo quando jovens. Eu, embora jovem, parecia um pouco velha, não em tudo, mas em coisas que as tristezas de viver fizeram alquimizar no meu sangue. Eu respeitava, mas não acreditava em todas aquelas crendices com as quais me encontrei na madrugada. Eu estava grata por estar bem e compreendia que alguma coisa havia organizado dentro de mim o vulcão que me consumia em febre, mas não era devota.

Percebendo tudo isso, ela me disse, muito calmamente:

– *Você vai sonhar, por sete noites, histórias que já viveu em sua vida. Se desejar aprender, escreva as histórias no papel e peça ao Zé Neto que me entregue, ele sempre sabe me encontrar. Mas não mande todas. Escreva todas e guarde. Eu não a procurarei. Mas se eu receber a carta, saberei que você decidiu aprender e vou lhe dizer o que precisa fazer. Você terá sete encontros, um encontro para cada carta, e talvez seja o suficiente. Vejamos. Isso quem saberá são os guerreiros e guerreiras.*

Eu olhei um pouco assustada e ela riu, como se visse a menina de 16 anos fugida de casa e sozinha que eu era por dentro, mas sem que eu dissesse nada. Pediu que deus me abençoasse e se foi.

Eu queria pensar. Ficar quieta e só. A vontade de cantar se foi, mas eu estava com medo de dormir. Procurei outra fogueira no terreno onde me sentei, mas as pessoas gostavam muito de conversar e eu era agradecida demais para ignorar. O único jeito de me aquietar seria mesmo ir dormir.

No barraco onde eu passaria aquela noite, mantive o candeeiro aceso lutando contra o sono, até que fui vencida e dormi sem me dar conta disso, torta e calçando sapatos.

Nota 4. Caveirão

Primeira carta

No desenho animado, as caveiras mexicanas fazendo festa eram muito mais bonitas do que aquelas desenhadas no camburão da polícia.

O dia inteiro aquele sol dos diabos, o dia inteiro vendendo no farol praquela branca de merda fechar o vidro achando que eu ia roubar.

Foda-se.

Cê sobe o morro e isso passa, mas o inferno continua; o dia inteiro aquele tiroteio com os alemão subindo cheio de ódio. Cê é loco!

Eu queria descer outra vez, nem que fosse pra perambular na praia ou ficar rodando na Lapa. Qualquer lugar. Sair um pouco da neurose.

Não dava mais, no meio do bangue-bangue, entrei pra dentro de casa.

Mais inferno.

Minha avó e minha irmã assistiam, quietas, o programa de TV, e com um pouco de medo. Não saíam de perto uma da outra.

Eu não sabia que barulho de tiros estava ouvindo, o som dos disparos na rua ou o som dos disparos na televisão.

Fiquei quieta, olhando pelo buraco a rua vazia lá embaixo da viela, nela, só o carro preto com caveiras desenhadas.
Dias atrás, tinham matado o Juarez, bem do lado da casa da Dona Janaína, que estava doente desde que mataram o filho dela.
A minha avó era amiga da Dona Janaína e também da Dona Maria, que perdeu o neto no mês passado.
O helicóptero, no dia em que mataram o Juarez, tinha começado a atirar de cima, logo cedo.
Ninguém nem foi pra escola nesse dia.
Minha mãe chegou atrasada, porque esperou acalmar um pouco, mas tinha avisado a patroa.
– Acho que eles desceram, vó.
– Tem certeza, fia?
– Tenho, o povo tá começando a sair na rua. Vou abrir a porta e olhar.
Antes de abrir, ouvi a gritaria. Minha vó conheceu a voz de alguém que gritava e saiu arrastando minha irmã pelo braço.
A Dona Janaína, que andava triste desde que mataram o filho dela, e que mora na mesma viela em que mataram o Juarez dias atrás, tinha morrido.
Pensei na hora: Como ela levou um tiro?
Parece que morreu de tristeza ou de desgosto.
Minha avó falou que quando o coração da pessoa não quer mais bater, ele para, e quem fez isso com ela nunca pisou aqui. Só as botas.

07.11.2018. Favela da Maré (Rio de Janeiro)

Nota 5. Água na boca

Segunda carta

Uma das primeiras expressões adultas que compreendi com fundura, ainda criança, era "não tem dinheiro". A fome te faz aprender muitas coisas. O cérebro de quem tem fome agarra outras palavras no vento, se pega em significados outros, atina com coisas que outros não veem (assim como também deixamos muitas coisas passarem por nós sem que as possamos agarrar).

"Não tem dinheiro" significava isso mesmo, que simplesmente não havia dinheiro, mas significava também que não fizesse alguém sofrer insistindo em pedir aquilo que não se pode dar, significava que outras prioridades haviam de ser garantidas no longo caminho que, provavelmente, nunca chegaria a passar por aquele "algo fútil". "Não tem dinheiro" também dizia respeito a uma parede, um muro, um abismo ou o final de alguma estrada – a impossibilidade objetiva de certo desejo seguir adiante.

Nós só não ouvíamos mais vezes a expressão "não tem dinheiro" porque nossos cérebros eram rápidos em assimilar o entendimento do que não era fútil, embora nossas lombrigas, silenciadas pelo peso da razão com fome, nunca deixassem de se remexer nas barrigas quando algo "fútil" despertava a água em nossa boca.

Naquele dia em que tive de comprar fubá no supermercado do bairro, eu atravessei o corredor dos laticínios fugindo das palavras tentadoras que os danones sussurravam de seus lugares na prateleira. Eu sabia que "não tem dinheiro" e avancei sem olhar para os lados, afastando os diabos que sentavam para em seguida caírem dos meus ombros. Ao contrário dos desenhos animados, nunca houve anjos cochichando coisas: eram ou pessoas vivas, me ensinando lições antigas, cuja "moral" da história era sobreviver, ou diabinhos – estes, sim, existiam como aura de enxofre das propagandas de todas as coisas deliciosas e sempre inacessíveis.

Minhas lombrigas gritavam e eu pensava (ou eram elas que pensavam também): *porque não comer o que eu queria?* Ninguém iria ver e eu não gastaria nada. Com o fubá numa das mãos e o dinheiro contado na outra, regressei pelo mesmo corredor por onde entrara e, depois de vê-lo esvaziar, furei um danone com os dedos. Enquanto eu bebia aqueles goles de olhos fechados, senti a mão pesada de homem pousar nos meus ombros.

Abri os olhos, mas não queria ver; meu coração estava tão acelerado que eu parecia um coelho preso na boca de um leão antes de ser engolido. Era um homem alto, negro, que trabalhava como segurança e que vinha me dizer que o que eu estava fazendo era errado. Com 8 anos eu era alta, mas pequena ainda em comparação com aquela montanha masculina que se afigurava diante de mim e eu estava ainda menor, o medo reduziu meu tamanho naquele minuto.

Eu já o conhecia.

Os mercados de bairro sempre tinham trabalhadores que viviam mesmo por ali. Este homem, vez ou outra de passagem pela rua onde eu vivia, cumprimentava meu pai.

– O que você fez é errado. Vá para sua casa e não faça isso nunca mais. Seu pai teria vergonha de saber.

Eu não podia piscar os olhos porque senão as lágrimas cairiam e não poderia correr porque minhas pernas não estavam firmes. O encarei em silêncio, baixando o rosto a olhar o chão no infinito espaço que me separava do caixa, onde paguei o fubá.

Quando meus pés tocaram o chão da calçada, as lágrimas desciam pelo meu rosto e a taquicardia do meu peito tomou conta de mim como se eu tivesse corações acelerados batendo por todas as partes do meu corpo, que mal conseguia caminhar.

Pouco antes de chegar à minha casa, parei e pedi um pouco d'água a uma senhora que lavava o quintal. Eu bebi água no bico da mangueira e molhei o rosto para conter todo o pavor e raiva e humilhação que se batiam dentro da minha carne de 8 anos.

Cheguei em casa quieta, entreguei à minha mãe o que comprara e as moedas que sobraram. Eu peguei o violão de meu pai e subi na laje da casa vizinha – o único lugar onde, nessa época, era possível estar só. Aí, com meus três acordes de até hoje, olhava o céu por cima dos morros cheios de barracos no horizonte e esperei ansiosamente ver aquele homem fazer sua passagem pela minha rua, quase desfalecendo de medo de que ele contasse a meu pai o que havia acontecido.

O homem passou, eu o vi, ele não me viu, mas cumprimentou meu pai sem tentar lhe dizer nada.

Eu desmanchei e me transformei numa poça sem forma, eu era água pura e soluços. Chorei tanto que meus olhos ardiam, mas era alívio o que eu sentia. Meu pai sempre dizia que nós éramos trabalhadores – ainda que eu fosse criança e ainda que fosse mulher, ele falava assim para designar a nós todos em contraposição aos "parasitas que roubam do nosso trabalho". Ele dizia sempre se referindo ao presidente almofadinha, mas eu me pelava de medo porque se meu pai soubesse... Passei semanas cabisbaixa, observadora de todos os sinais. Meu pai nunca soube. Nem o homem contou a ele e nem eu. Temos esse segredo em comum, não me lembro de seu nome, cruzei seu rosto algumas outras vezes, anos depois, em meu bairro e ele parecia orgulhar-se de sua conduta ao ver-me adulta e sã.

Muitos anos depois, eu caminhava pelas seções de algum supermercado chique e meu companheiro escondia sob a jaqueta uma garrafa de vinho. Eu não podia entender e tampouco podia explicar o que sentia. Eu já era marxista e estava me lixando para aquela grande empresa varejista de consumo *gourmet*. Mas eu não conseguia fazer o mesmo. Eu paralisava. Aquilo para mim nunca se associou a um *hobby* ou a alguma aventura transgressora: eu apenas me lembrava da fome e das palavras "não tem dinheiro".

Eu não queria me sentir assim, eu não queria ter de calar as minhas lombrigas como tampouco ter de calar a minha sensação de medo, de risco, de impotência faminta e humilhada. Queria beber um trago daquela ostentação de ousadia com que desfilavam meus amigos de esquerda aparentemente muito mais corajosos e transgressores do que eu por corredores de supermercados.

Como se pode perceber, na vida que seguiu, nunca tive anjos a cochicharem conselhos nos meus ouvidos: sempre houve diabos, pensamentos e desejos interpelados por advertências antigas de sobrevivência.

Eu habitava dois mundos ao mesmo tempo e pouca ou nenhuma era a gente que sabia de tudo, ou que soubesse do que eu carregava por dentro enquanto fazia discursos e caminhava lado a lado com pessoas que em nada se assemelhavam aos meus mortos. Se eu fosse menino em vez de ser menina, teria eu reagido da mesma forma? Se fosse eu menino em vez de ser menina, teria o homem-segurança reagido de outra forma? Se eu tivesse insistido em tentar dar de comer a meus desejos, sem fazer tanta força em bloquear alguns deles, para não causar sofrimento alheio, como eu seria agora? Talvez me profissionalizasse – eu sempre fui esperta e sempre aprendi rápido. Talvez estivesse presa. Talvez nada. Talvez não existe.

Tempos atrás, eu li uma coisa em que o homem dizia: "a face mais digna da miséria é a violência". Ainda não sei o que fazer dessa memória. Eu era criança demais para ser digna. Hoje, não mais. Tenho medo do que poderia se passar se tudo acontecesse agora. O ódio com que alimento minhas lombrigas silenciadas as deixou vivas e sempre selvagens.

O Mapinguarí me habita.

Água na boca.

E eu, eu ainda tenho fome.

Nota 6. Salvador

Terceira carta

Mais ou menos quatro da tarde, pegaram o ônibus pra ir até a Fonte Nova.
Entraram no ônibus, aquele que passava pelo Rio Vermelho. Tudo estava em obras, tudo meio parado, um trânsito do caralho até pra Salvador – que é um inferno.
Todo mundo aguentava porque aquela vista toda era um deboche de tão bonita, e, a essa hora, a cidade começava a cheirar dendê.
Eles viviam se agarrando em qualquer parte, bichos no cio, até no busão. Pareciam uns mortos de fome.
O baleiro tava puto com o ônibus parado no trânsito, querendo descer fora do ponto e o motorista nada...
O barulho do soco no vidro da janela os fez desgrudarem as bocas.
Olhos arregalados.
– Seu filho-da-puta-do-caralho-arrombado-de-merda--cuzão-emocionado-do-carái. Se eu te encontrá por aí tu vai vê! Vênha pá cima, papai! Aqui tu achô foi Exú!
Pulando a janela enquanto as mãos pingavam sangue, ele desceu pra rua e xingou por mais alguns minutos.

Saiu fora e todo mundo começou a falar no que antes era silêncio e medo.

Medo de quê? Medo da raiva que a fome abre na boca que tem bem no meio da barriga do Mapinguarí.

Deram-se as mãos quietos, olhando a paisagem sempre bonita.

No meio do burburinho, alguém pensava: o que é mesmo que a gente chama de fome?

De pé, segurando nos ganchos, o antropólogo americano pensava que queria estar lá no 2 de julho de novo, pra tentar entender.

Nota 7. Só um golinho de café

Quarta carta

Eu não podia acreditar no que estava ouvindo.
– Como assim, amputaram a perna errada?
– Assim, minha filha, não foi de outro jeito. Tá todo mundo revoltado, morrendo de pena... O Mardini é mesmo um açougue... eu é que prefiro morrer do que ir parar naquele hospital.
– Eu ainda não entendo. Queria conversar com ele.
– Ele está em casa, né? Não sai porque na viela não passa cadeira de rodas. Então ele só fica dentro de casa.

Saí da cozinha e atravessei a sala azul onde Fidel Castro era vizinho de Jesus na mesma parede descascada e úmida. As casas são mesmo muito assemelhadas. Certa penumbra de janela pouca sempre habita as paredes que são feitas encostadas nos barrancos onde só os engenheiros da fome podem construir.

Mesmo na pobreza, a casa é o santuário dos pobres e toda sorte de tecnomandingas são utilizadas para afastar a miséria para fora dos quintais.

Quatro crianças me seguiam, eram meus primos.

Eles sempre me seguiam e ficavam por perto, ouvindo, quietos, as minhas conversas com os adultos. Às vezes queriam ver que coisas eu trazia na bolsa, às vezes mexiam no meu cabelo. Me estudavam.

Seguimos pela beira do córrego onde se alinhavam casas, quase todas de parentes meus, de primeiro ou de segundo grau. Éramos muito numerosos e se poderia dizer que uma pequena vila, mais ou menos consanguínea, se instalara por ali.

Pensei comigo que não devia demonstrar estupefação porque seria humilhante àquele meu tio-avô, tão jovem quanto destroçado pelo álcool e pela diabetes.

Sim, para um tio-avô ele era jovem. Era pouco o tempo de vida contado nos anos daquele ancião tão novo quanto gasto pelas intempéries.

O tempo não é uma medida absoluta; o tempo se imprime de maneira diferente em corpos com fome.

Os corpos que atravessam a fome são cheios de sulcos nos rostos queimados, são corpos debilitados pela desnutrição e ainda assim exibem a força de quem acostuma os músculos ao trabalho pesado e a fígado de boi ou a moelas cozidas.

Nossos corpos não sabem a homogeneidade da coloração sobre a pele. Eles conhecem paletas que vão do desbotado das casas mofadas às variações esbranquiçadas pelas lombrigas; a depender de onde estamos, de que mal trabalho padecemos e das surras da vida e de suas cicatrizes. Nossas manchas são curadas com bruxarias que esquentam a ponta de canetas que escrevem a cura das tintas azuis sobre a micose da epiderme.

A força física que exibimos como trabalhadores braçais, devoradores de pratadas pouco discretas, é a confirmação do desejo de viver se esticando em todas as direções, caçando em que agarrar a vida quase sempre por um fio, quase sempre a ponto de escapar calabouço abaixo.

Desde que me lembrava, meu tio era alcoólatra. Ele nunca foi um homem violento, nem com minha tia e nem com seus filhos. Na verdade, cada corpo procura a alquimia possível para suportar o fardo dos dias, e ele encontrou no álcool essa substância capaz de dar momentânea leveza a um corpo tão destratado quanto bruto.

O diabetes, o colesterol, a pressão alta, as manchas no rosto, a gastrite e as úlceras, as feridas que não cicatrizam, são todas chagas da fome, são doenças que comem os corpos pouco e mal alimentados.

Nós crescemos com mamadeiras de leite e engrossante, que era o nome que se dava à farinha, ao fubá ou à maisena que se cozinha no caldeirão das bruxas que fazem render o leite e encher mais rápido o buraco voraz no ventre das crianças.

Quando o médico lhe disse que ele deveria parar de beber, era como se alguma loucura rondasse aquele homem de branco. Parar de beber para viver... como viver? Como viver em paz sem beber se a paz depende sempre de comida?

O diabetes o encontrou depois do álcool.

– Como está você, meu tio?

– Ah... eu tô bem, minha filha, me recuperando, né?

– Pois é, vai ser um pouco demorado. Não foi qualquer probleminha. Tem que se cuidar direito e assim fica tudo bem.

– ...

– E como foi, meu tio?

– Ah, eu tinha uma ferida, né? E aí começou a escurecer tudo. No hospital, falaram que tinha que tirar. Fazer o quê, né? Então eu fui, mas como também tinha uma ferida na outra perna, eles tiraram a errada. Depois eles viram e tiraram a outra. Mas foi só um pedaço.

Foi só um pedaço.

A aplicação pervertida da ciência esconde que a fome é uma fabricação humana e deus, embora seja fabricação de mesma origem, completa o estatuto dos famintos, que sem comida se agarram à metafísica e à farinha com água.

Era como estar dentro de uma cápsula do inferno, sem saída. O que eu poderia dizer? Ninguém que não atravessou a fome poderia compreender completamente um faminto. E aqueles que dela comungam, pouco falam a seu respeito, porque falar de fome chama mais fome.

– Foi muito ruim o que fizeram com o senhor, meu tio. A gente se revolta por causa dessas coisas. Não é certo. Trabalhar a vida inteira e viver desse jeito. Mas o senhor vai ficar bem. A gente é vaso ruim e não quebra, a gente é mais ruim do que eles.

– Ah, isso sim, minha filha. E olha que eles são bem ruins, viu? Fiquei lá todos esses dias, doido pra tomar nem que fosse um golinho de café e acredita que eles não me deram?

Nota 8. Se fica bom nos meus olhos...

Quinta carta

Nós éramos primos demais, pobres demais, pretos e índios demais, nós éramos uma horda de selvagens de viela. Não tinha cristão que pudesse trabalhar o suficiente para saldar a nossa fome. Ela era voraz e parecíamos um enxame de gafanhotos comendo tudo o que fosse comestível. Não bastavam os salários, era preciso pedir auxílio à caridade.

A caridade liga materialmente os pobres às ideias religiosas, não apenas porque precisamos daquilo que ela oferta – e não há que sentir pena fazer condenação da fé que depositam os amontoados de gente nas missas e cultos.

Compreendo, assim como eles, que as religiões atuam como espírito do capitalismo, provendo explicações que justificam a miséria e a injustiça. No entanto, o milagre que é receber um pão, no momento em que a fome arrebenta todas as cordas do raciocínio lógico, se apresenta, a quem tem fome, como o maior dos milagres; como o sopro de ar no último instante antes de os pulmões desistirem de viver.

No mesmo bairro em que vivíamos, a vários quarteirões de distância e subindo morro acima, existia um asilo de velhos. Sei que é incorreto usar assim, aqui, a palavra velhos, e não a utilizo mais, mas era como chamávamos, todos nós, este lugar. Melhor dizendo, chamávamos, sabe-se deus por que, de *asílio* dos velhos.

Levei muitos anos para conseguir pronunciar corretamente. Ele era mantido com doações da igreja, por meio de uma ordem de madres, muito velhas, e eram quase todas italianas. Elas viviam naquele casarão enorme junto com os velhos abandonados de quem cuidavam.

Além de cuidar deles, elas também nos davam pão.

Havia um horário, todos os dias, em que as madres distribuíam pão às crianças porque sobrava muito das doações que recebiam para o *asílio,* e como os pães eram sempre velhos, não suportavam ser armazenados por muito tempo.

Regularmente íamos até lá, eu e meus primos, num bando.

Brincávamos muito no gramado da mansão; era uma grama cuidada num terreno irregular e a gente rolava morro abaixo, dando cambalhotas. Em algumas tardes de verão, nessa hora, ainda havia sol e nos esticávamos como as lagartixas.

Ficávamos um pouco com os velhos, mas uma parte deles falava de um jeito que não conseguíamos entender.

As madres nos entregavam sacolas cheias de tipos diferentes de pães. Nós corríamos até nossas casas e comíamos mais pão do que qualquer um poderia aguentar. Nós até fritávamos pão.

Durante os meses de outono e de inverno, as madres entupiam o salão de festas da casa com roupas usadas, doadas por italianos, e realizavam um bazar, em que vendiam essas roupas aos moradores do bairro a preços que na realidade nada tinham que ver com preços. Elas criaram algum jeito daqueles pobres do bairro sustentarem o que faltava aos pobres do *asílio.*

Formava-se uma fila, que percorria a calçada, do lado de fora do *asílio*, começando da porta do salão. Mulheres eram quase todas as que ali se reuniam e os homens que aí estavam se podiam contar, com raras exceções, entre as crianças. Elas se conheciam. Sua rede de encontros, bairro adentro, se punha em contato nas filas dos hospitais, dos supermercados com promoções, das vagas para a abertura de creches ou ainda nos pontos de ônibus, tão cedo, ainda escuro, antes de clarear o dia.

Minha avó era uma terrível acumuladora de trapos. Ninguém aguentava. E nem sabia mais, onde é que ela iria enfiar tanta roupa.

Mas a fome fazia com que ela achasse um desperdício não aproveitar, porque alguém estava sempre quase em ponto de parir mais um neto ou bisneto e roupas eram sempre necessárias.

Ela nos obrigava a acompanhá-la pra chegarmos na fila duas horas antes de o salão abrir. Quando abria, algum tio meu, que, às vezes, nos acompanhava quando estava desempregado, nos arremessava por cima das cabeças, sobre alguma montanha de roupas empilhadas no chão e o território estava demarcado.

Com tempo e muita paciência, minha avó e minhas tias remexiam as peças de roupa definindo o que levariam e o que não, perguntando-se se tal coisa serviria em tal pessoa e nos gritando de quando em quando, para provarmos um par de sapatos.

Leva-se certo tempo para descobrir o tamanho exato dos pés quando se calçam sapatos herdados, grandes ou pequenos demais, mas do tamanho exato da necessidade.

Minha avó, que já nessa época precisava de óculos, pedia que minhas tias vasculhassem os bolsos dos paletós que encontrassem. Ela juntava uma pilha de óculos ao lado das roupas.

Então ela experimentava todos, olhando as coisas. Tirava um e colocava outro até que encontrasse o que procurava.

– Esse aqui é pra mim!

– Como é que você sabe, vó? Nem foi no médico.

– Eu coloco, e se fica bom no meu olho, eu sei.

Eram os anos 1990.

Nota 9. Farinhada

Sonho número 6 – Sexta carta

Botei as saias e os vestidos rodados na sacola. Sem saia nem bem dá pra dançar tambor e sempre se dançava, mesmo que dissessem que não. Todos já sabiam.

Os arrancadores de mandioca, passados os primeiros dias, não aguentavam e, depois da cachacinha, puxavam roda perto de algum fogo pra afinar o couro. Eram muitos arrancadores, a cada vez tinham novos. O mais esquisito foi exatamente o que pinçou meu olho. No olho dos outros se anda longe. Quanto mais diferente, mais longe e eu gostava de viajar. Com as coxas de fora, todas descascávamos mandioca e cantávamos. Nos trocadilhos, éramos só rabo de olho e risadinhas sem vergonha.

As que faziam o capote davam mais risada porque ficavam mais distantes da Severininha, que é brava e cara fechada.

Terminada a diária, iam moer e coar, mas eram outras pessoas. A gente tava liberada.

– Bóra banhá maninha?

– Vô cumê, maninha, tô com fome demais.

Eu tinha fome, mas primeiro era um banho no rio, que eu tava coalhada de suor do dia inteiro. Entrei na água e pensei no esquisito.

Demorei um tanto, mas já vinha escuro e logo que saí, vi o próprio entrando n'água pela outra margem. Ele não me viu. Ficou na água, parado, olhando o curso d'água e a mata, que nem se tivesse com fome.

Se eu fosse mata, acho que ele comia.

Nota 10. Dia cinco

Sonho número 7 – Sétima carta

No dia cinco minha mãe me pedia para ir até o trabalho de meu pai buscar o dinheiro do pagamento, para chegar em minha casa com o mercado do bairro ainda aberto.
O moço de farda me parou perto da catraca:
– Você vai embarcar sozinha, menina?
– Vou sim senhor.
– Pra onde você vai?
– Vou pra Ribeirão, na firma, encontrar o meu pai pra buscar o dinheiro do mercado.
Ele me olhou como quem sabia.
Embarquei.
No trem, meus olhos ficavam enormes. Não havia celulares, senão veriam de que tamanho. Olhando tudo o que a janela do trem mostrava, até as paredes pichadas dos prédios que os meninos escalavam para não morrer.
Dia cinco e minha mãe, morta de pavor, era um rosário de conselhos pra que eu andasse de olhos atentos e escondesse o dinheiro por dentro das roupas.
Eu chegava e avisava o moço da entrada da garagem dos ônibus.

Lá vinha meu pai, roupa de trabalho cheia de graxa e sempre surrada, com seu chapéu que parecia um pedaço da cabeça.

Eu entregava a ele uma marmita que ele comia depois de esquentar.

A gente ficava quieto, ele não falava muito.

Toda vez eu queria arrancar meu pai de lá, não entendia por que as formigas andam enfileiradas.

Na volta eu não caminhava. Minha mãe sempre pedia que eu viesse da estação do trem até em casa de ônibus, para que ninguém me roubasse.

Chegava em casa.

Uma penca de irmãs menores já estava pronta para irmos enfileiradas ao mercado com minha mãe.

Começávamos sempre pelo "grosso": arroz, feijão, óleo, açúcar, farinha. O resto eram comidas supérfluas. Havia que se garantir que os nossos ossos tivessem tutano, nada mais.

O que será que as pessoas chamam de fome?

De volta.

A gente sempre teve de jantar na mesa e todos ao mesmo tempo, porque minha mãe fazia uma oração agradecendo a comida.

O dia do pagamento era dia de comer carne e a gente agradecia, com um olho em deus e outro no bife.

Nota 11. A oitava noite

Eu escrevia todas essas pequenas cartas tentando tornar legíveis os meus sonhos da noite. Não era muito fácil porque se tratava exatamente de remexer nas sombras, e a menina em mim sentia medo do escuro.

Não enviei nenhuma carta à Dona Francisquinha, mas sempre a encontrava e nos falávamos rapidinho sobre alguma coisa simples.

Na oitava noite, dormi e não lembrava bem do que havia sonhado, mas já não era algo que vivi. Era uma mistura de coisas vividas, não um episódio, mas palavras e coisas grudadas no arranjo surrealista de dentro da minha cabeça de bagre.

Escrevi, ainda assim, alinhavando na minha racionalidade comunitária essas coisas que irromperam madrugada adentro, fora da vigília.

Escrever o sonhado me ajudava, não sei por que, e abriu a porta das sombras que jorravam, e o fluxo só se aplacava quando eu dançava e cantava (músicas que são versões populares e baratas de amor) fincando pé no chão de onde surgem os bonecos de barro e as palavras de Tot.

Eu pensava muito em minha avó, ela sempre sabia coisas que ninguém mais sabia e não há quase nada que eu tivera aprendido que ela já não soubesse. Mesmo sem saber ler e escrever.

A minha avó era a terra que me abraçava quando ninguém mais poderia descobrir o que se agitava nas minhas veias.

Quis ir visitá-la, fazia já muito tempo que eu não a via.

Às vezes ela me enviava mensagens com o áudio de rezas que me abençoavam e me protegiam. Sempre me desejando amor, mesmo da distância em que nos encontrávamos, dada a minha vida de cigana.

Decidi que iria buscá-la.

Não sei se eu queria ou se eu precisava. O que às vezes dá no mesmo.

Tanto faz dar na cabeça quanto na cabeça dar, era o que ela me ensinou.

Essa noite dormiria fora da ocupação, naquela casa que eu regularmente chamava de minha e que ficava mais fácil pra visitar minha velha.

Nota 12. Trovoa

Sonho número 8 – Oitava carta

Amanheceu chovendo... a ração dos cachorros estava molhada e eu tinha regado as plantas na noite anterior.
Sempre atrasada, carregando um café – que me ajuda a afundar na palavra.
A vida bebe.
Maneiras de sazonar entre a rotineira lata de conserva – que se impõe – e algum provisório arroubo, para contrair em seguida, apertada por toda sorte.
Quando me apaixono, cabulo trabalho.
Depois me roço na luz do dia.
Já faz anos que eu me arrasto, mesmo horário, para o mesmo lugar. Estou cansada. Ontem perdi as estribeiras e o tumulto veio: mandei meu chefe ir para o quinto dos infernos, depois voltei para as ordens de serviço e para os carimbos.
Cabulei aula.
Tinha uma bomba enroscada na garganta.
Que ciência! Alquimia e física. Ódio transmutado para não envenenar a própria boca.
Ódio de ontem, que passei, ficou na tarde decantando e deitou cinzas.
Fermentação.

Madrugada adentro, o corpo e a mente não param, porque aliás são uma coisa só, e besta ou branco demais é quem separa isso.

A ração dos cachorros estava molhada e eu tinha regado as plantas na noite anterior. Retirei dos potes, joguei fora e arranjei um canto seco para os cachorros comerem. Eu amo os cachorros.

Também amo o Osmarino, que me explicou, aquele dia, a palavra TXAI.

Eu precisava de chuva tanto quanto a terra e paralisei os olhos no sol nascendo, olhando as gotas penderem das plantas já bêbadas; mirando as casas com janelas fechadas que eu via das minhas próprias janelas, cabulando o horário de ir para o trabalho.

Meu tempo lato.

O antropólogo americano (mas que é alemão) rondava minhas coisas; eu pensava em ir por aí vivendo com povos diferentes a cada ano, aprendendo línguas mortas ou morrendo, ativando chakras na minha poesia e na teoria de tudo e, por cima de todas as coisas, coletando dados alquímicos, buscando onde pisar firme para me projetar pra outro lugar e tempo.

Saber que o medo da fome custa o trabalho, saber que o tempo é, na verdade, o que vendemos pra poder comprar uma dúzia de tempos, e que dinheiro custa caro.

Importante demais saber essas coisas. Pesa, cansa, desgasta e às vezes chega a desesperar. Com breves hiatos que se cobrem de uns minutos de silêncio e o corpo orbita uma cabeça cheia de força e planos. Planos *carne de vaca*, tão ordinários faz 500 anos.

Outra vez o antropólogo americano me pinica: não é que houvesse origem comum que promovesse caminho rumo a um mesmo lugar e que nos diferenciássemos, no tempo desta seta – primitivo ou moderno.

É que existem distintas origens e estou encurralada.

Me desloco.

Lugar das formas distintas – ordinariedade e fumaça.

Desloco-me ao lugar que é, ao mesmo tempo, autorretrato e desejo selvagem de destruição.

Eu tinha regado as plantas na noite anterior.

Adiei os grilhões ao máximo, com as horas se mexendo no relógio do micro-ondas.

Tomei um café e senti vontade de comemorar.

Ninguém entenderia que nos povos de Piratininga não há preguiça alguma. Ao contrário: manter-se vivos sendo pobres agrilhoados pelo jugo de um subassalariamento é, por demais, trabalhoso.

Mas não podia comemorar em voz alta porque, além de tudo, cabular era segredo e não se pode espalhar segredos assim, eles voam rápido demais e agora sou ainda clandestina.

Conspiração: quase três horas gastas em buscar a decisão de perguntar se a fome vale o medo e o que é mesmo que chamamos de fome.

São já tantas da manhãzinha. O sol tímido começou a espreguiçar no céu. E parou de chover.

Nota 13. Depois da oitava carta

Era uma coisa estranha, uma conta exata, uma fórmula matemática que, no entanto, diante da minha ignorância, se apresentava como mística. Foram sete noites, sete sonhos e, depois de escrever todos e não entregar nenhum, depois de reviver oniricamente tantos episódios da dureza de meus dias passados (e porque não presentes também), eu dormi a oitava noite em lugar fora da ocupação e sonhei um sonho que já não se relacionava com as lembranças.

Chovia, trovoava e eu rabisquei esse oitavo sonho sem compreender que ele era o sinal de um pequeno ciclo que se fechava.

Dona Francisquinha era tão sábia que não houve espaço para que eu pudesse duvidar.

As mulheres de meu povo são, há centenas de anos, oráculos que preservam antigas sabedorias em suas vozes – caladas pela força dos opressores que nos transformaram em servas ou em *outdoors* de propaganda para qualquer venda.

Elas desconhecem as palavras da gramática feminista das universidades, mas são fluentes no idioma das ervas com que curam a legião de meninos e meninas que não podem, nem nunca poderão, contar com o poder público para tratar de suas doenças. São mulheres que aram, semeiam e cuidam da vida, nutrindo-a de luzes onde a fome e a miséria ofuscam os olhos e deixam ralo o sangue das veias.

Estas mulheres nunca foram consideradas frágeis, sempre fomos tratadas como bestas de carga para o trabalho e máquinas reprodutoras de escravos para alimentar a sanha do sistema, que come gente e cospe veneno, concreto armado e carros.

Estas mulheres nunca souberam o que é a ilusão do "amor romântico"; nunca foram a predileção como companheiras oficiais de ninguém, nunca sonharam com príncipes, não se originam de famílias educadamente convencionais; criam e sustentam sozinhas os filhos paridos, que os pais abandonam. E desejam apenas comida e descanso do inferno, que rouba o sono de quem mal consegue pagar a própria vida.

Muitas foram as Donas Francisquinhas que me cruzaram o peito, atravessando minha vida com essa poderosa força, que se poderia mesmo chamar de bruxaria, tão resistente é a resiliência com que se reconstroem, golpe após golpe, queda após queda, mantendo-se ainda fontes de um tipo de amor que cura territórios e multiplica peixes e pães.

Foi delas, por elas e com elas que aprendi o feminismo inominável, que agora ouso tentar descrever em palavras que não podem alcançar a enormidade de seu poder.

Nota 14. Carta não entregue à filósofa da exigência

[poemas de aprender]

Perdoe-me escrever em português. Não conheço outra língua e ainda assim escrevo, desejando que sua generosidade, em achar forma de ler, possa encontrar esta carta.

Escrevo do Brasil depois de ser apresentada a uma proposição: a cosmopolítica; ela me remexeu por diversas partes e lhe agradeço sinceramente todo o esforço em precisar que escreves do seu lugar sem, no entanto, defendê-lo como *o bom lugar*. É de funda sabedoria.

Além de agradecer pelas coisas que a ideia cosmopolítica chacoalhou na minha cabeça, quero dizer também que me ajudou a encontrar pontos de contato e conexões que eu antes sentia, mas não sabia como dizer e, neste sentido – vendo o que me atrai e me aproxima dessas leituras críticas das quais me alimento – pude ver também qual o lugar onde delas me separo, inclusive da senhora, em nossas dissonâncias.

Eu gostaria de poder dizer-lhe o que preciso de maneira um pouco mais impessoal, talvez elaborada, apoiando-me nos livros que sempre me faltam estudar, mas eu não saberia. Eu não sei.

Recorrerei então ao que carrego irreversivelmente: a minha experiência através de tempo e espaço determinados, que atravessam meu corpo pontualmente.

***

Sou filha do cruzamento de tempos que me encontraram já em configuração perturbada. Nascida no Brasil, afro-indígena descendente de escravizados e pobres. Agregue-se uma camada a mais indicada por meu tempo e lugar de nascimento, o meio dos anos 1980 em São Paulo: sou também favelada.

Nas favelas por onde cresci, descobri cedo uma necessidade essencial de *comunidade*. Eu nem sei muita coisa sobre essa profunda discussão acerca do *Comum* que se dá, sobretudo, numa Europa, que destoa um tanto desse quintal aqui. Não é, portanto, deste *comum* que falo quando aqui lhe escrevo *comunidade*.

Busquei encontrá-la de todas as formas. Não encontrando na comunidade familiar, procurei-a no círculo seguinte, a vizinhança. Minha vizinhança se dispôs a ser minha comunidade, mas estava fraca e anêmica, por conta da pobreza.

Creio que foi neste ponto que se deram meus primeiros encontros com Marx. Eu era jovem demais para entender sua teoria e ninguém com 12 anos de idade poderia mesmo compreender todo este edifício analítico. Mas, ainda assim, o encontro foi forte porque ele se deu mediado pelas pessoas que conheci movendo-se na realidade.

Eu conheci militantes e ativistas – que, na verdade, eram muito poucos (posto que muitos ativismos integrados ao Estado já não circulavam mais onde vivíamos as chagas dos anos 1990), mas que atuavam na minha comunidade e que me foram portas para adentrar mundos que eu não sabia que existiam e que me ajudavam a entender porque éramos tão pobres e tão violentados.

Naquilo que expandia minha compreensão sobre a vida que eu via ao meu redor, me alimentei de tudo o quanto foi possível e usava o que lia, aos poucos, como arados e semeadeiras no caminho que eu tentava abrir, caminho de mudar a situação de anemia e violência.

***

Tornei-me ativista de uma organização de jovens católicos de meu bairro (era o resquício de algo que um dia fora importante), a Juventude Operária Católica (JOC). Embora eu não fosse nem operária (isso já era visto como ascensão a uma estabilidade restrita a poucos) e nem católica, eu era inquieta e pobre, curiosa de saber e precisada de mudança e desse lugar comum de autoconstrução.

Eu nunca tinha conhecido outras militâncias e mergulhei com tudo, mesmo sem pensar se ela abarcaria, ou não, minha sede de comun[idade]. Eu sempre me deparava com insuficiências – sentidas, primeiro em meu desejo – que fizeram com que, depois de um período de intensa atividade e entrega, eu viesse a romper, me dedicando novamente a construir outras coisas, novas militâncias que pude acessar sem, no entanto, ter certeza ou fórmula, mas testando formas, disformes, abertas e lançadas no encalço de sua própria diluição.

Não sei se a senhora pode compreender isso que tento lhe explicar: a universalidade englobante de um bem comum que subalterniza todo arranjo diferente, posto que a tudo engloba é, muitas vezes, desejada pelo subalternizado que não concebe outra maneira de escapar da fome. Nem sempre nós podemos desejar o que queremos desejar.

Por fome não me refiro apenas à nossa imperiosa necessidade de alimentar os corpos, mas também à ausência de sentido – como um buraco na barriga da razão. Me refiro à necessidade de romper com a ciranda onde estamos enclausurados e de manejar ferramentas das quais estamos aparentemente (ou conscientemente) desprovidos para realizar rupturas que permitissem um pouco de ar em nossas rotinas acachapadas pelo peso da miséria e da subsunção capitalista que homogeneíza tudo e mata o que somos, ainda que nos deixe vivos.

Isso se deu, nessa época, muito mais como atividade política um tanto selvagem que não estava por mim elaborada; ao contrário, meus movimentos intuitivos moviam peças impensadas que se encaixavam àquilo mesmo que eu estava dedicada a pensar.

Eu não desejava estar em um espaço de atividade política que se consumisse a si próprio, sem conseguir interseccionalizar com empreitadas massivas em lutas que diziam respeito a problemas que atravessavam não somente jovens, não somente operários e não somente católicos. A ruptura organizativa, como tal, não figurava como problema ou tese, e minha atuação, ao mesmo tempo integralmente abnegada e indomável, não era alvo de minha própria racionalidade. Eu não buscava compreender a potência selvagem e arisca em relação a uma proposição universalizante ou ao arranjo ativista universalizante, porque esse problema esteve presente primeiro em meu corpo do que propriamente em minha cabeça.

Em minha cabeça ainda poderia existir um arranjo que fosse capaz de acolher-me em relação ao conjunto do povo que sou, sem que nos subalternizássemos e, por isso, eu ainda queria achar um "bem comum" que pudesse englobar a todos e a tudo. Mas porque eu desejava, sinceramente, que fôssemos englobados para fora desse espectro de carências e dominação. Achei que a "comunidade", o "lugar comum" de pertencimento que eu procurava precisava ser construído e eu mesma era agente dessa construção.

Se não existia o que eu procurava, mãos à obra para construí-lo. Como pobre eu sabia que estamos habituados a plantar e pôr em pé todas as coisas que existem – sob ordens alheias que definem o quê e como – e, na medida em que eu precisava plantar e construir pensando eu mesma o quê e como, se apresentava para mim muito mais trabalho. Um tipo de trabalho impossível de alguém fazer só. E isso potencializava meu lugar ativo nos agrupamentos a que me propus integrar.

***

Eu nunca alimentei nenhuma relação de autoridade com a teoria: se ela me servia, ou se pedaços dela me serviam para arar caminho, eu a agarrava com as mãos, se não, não. Assim, eu estive menos preocupada em definir peremptoriamente meu comunismo selvagem diante dos vários comunismos, dos anarquismos, dos autonomismos, das fés, das diferentes vertentes marxistas etc. Eu me relacionava com todas as proposições simultaneamente, por meio de pessoas muito diferentes de mim, que montaram pontes por onde pude tocar linhagens de pensamento, suas histórias de fracasso e derrota, assim como suas vitórias e conquistas. Eu ouvia desconfiadamente sobre quase tudo, contrapondo sempre às coisas que eu enxergava na vida para descobrir as chaves que faziam sentido e as que não.

Não me considero uma pessoa eclética, sobretudo porque nunca encontrei na vida algo que parecesse procurar esta palavra para se expressar. A ligação entre os pedaços das teorias que eu conhecia ouvindo e, sobretudo, observando seus partícipes em atividade política militante era feita pela vida e suas complexas contradições. Tudo o que me servia era mobilizado para fazer e ser. A elaboração com a qual eu estava profundamente comprometida eu só podia exprimir em testes, em ações, em verbos onde eu estava incorporada intrinsecamente ao sujeito dos enunciados.

Então eu não pensava diretamente sobre traços estruturais das proposições – forma organizativa/forma do pensamento/forma do tempo/forma da proposição –, elas não eram, nesse momento, detentoras da minha atenção elaborativa. Eu entendia a ação como parte constituinte das teorias, como desdobramento necessário sem o qual nenhuma ideia está inteira. Uma ideia inteira, ainda assim, é uma ideia incompleta – para quem persegue o revolucionamento da condição em que nos encontramos como humanidade –, mas a potência de sua inteireza incompleta só se pode acessar no teste, na experiência, no atrito e no contato com o resultado surpreendente e não calculado das variáveis previstas, relacionando-se com o ar das ruas e as muitas tentativas.

Eu era realmente como um "cientista maluco", arriscando-me em inventos-militantes dos mais diversos e associando coisas que pareciam esdrúxulas de serem associadas. Eu buscava elaborar [sobre] um modo de ser na vida que fosse organicamente uma atividade política: algo que por sua maneira mesma de existir provocasse tudo o que estivesse parado, convidando a mover e a saltar da aparente condição de imobilidade para uma condição de movimento orgânico, impossível de ser apropriado por qualquer definidor estático (organizativo).

***

Eu militei intensamente em ocupações de terra urbana, distanciando do centro de minhas preocupações tudo aquilo que me distraísse da participação nos arranjos vivos que cada novo terreno ocupado me propiciava incorporar. Foi nessa época que deixei de pensar sobre a minha própria fome e assumi o equívoco de tratá-la como a tratavam os outros que não a conheciam de dentro.

Nas ocupações, estive exposta a arranjos mais ou menos insubordinados, onde se acomodavam, em unidade pontual, inúmeras dissidências que passam invisíveis ao olho ocidental globalizante. Os negros e as negras. Não somos todos iguais. As centenas de nações indígenas e seus descendentes afro-indígenas, não somos todos iguais. Entre trabalhadores pobres, são tantas as nuances em condição material, cor, gênero, sexualidade, afetividade, crenças, que nada há de igual.

A "unidade" de uma ocupação de terra é efêmera porque o conjunto se autoconvoca – pela necessidade objetiva de morar – a uma presença ativa no espaço, sem perseguir propor uma resposta universal a todas as aspirações e ausências. A necessidade individual de cada qual é o que implica no movimento grupal em que essa necessidade pode vir a se realizar, mas pode apenas coletivamente.

Eu, como ativista, insistia em dar a isso uma leitura de projeto comum, que enviava, a todas as necessidades individuais, certa obrigatoriedade de expressar-se por meio de dada gramática política. Desprovida de instrumentos mais complexos de elaboração, eu punha meu corpo em presença para tensionar o que a necessidade individual parecia completar, e terminava abalando toda possibilidade de completude: fosse do ímpeto individual, fosse da expressão coletiva e "superior" desse ímpeto. Eu reproduzia desastradamente certos traços dessa imposição homogeneizante, presente também nos megaprojetos políticos de esquerda, ao mesmo tempo em que minha própria atividade – impossibilitada de abrir mão de qualquer instrumento útil, ainda que pertencente a outro megaprojeto político de esquerda – caminhasse contrariamente a isso, orbitando incompletudes que faziam sentido diante das situações particulares e seus desafios próprios.

Meus questionamentos tomaram forma e expandiram-se, parecendo crescerem para baixo – aprofundando – e para os lados, capturando aparentes certezas para esse círculo de dúvidas. O marxismo sempre andou comigo, como a primeira ferramenta teórica, mas foram agregando-se outras ao meu ferramental – algumas depois de debaterem-se com minha própria resistência a elas (porque quase sempre conheci primeiro as teorias, por meio das pessoas que as reivindicam, observando sua interação com o mundo).

Outras ferramentas chegaram e se mostravam tão essenciais juntas quanto insuficientes isoladamente. Cheguei a questionar o trabalho, o Estado, a propriedade, a heteronormatização, o racismo, a subalternização do arranjo vital das plantas e dos outros animais, a concentração de riquezas, o excesso de tecnologia, o desenvolvimento, o progresso e a noção cumulativa do tempo ocidental, que *se acha* (se propõe a) caminhar do marco zero ao futuro.

Não escrevi nenhuma reflexão e não sabia por onde seguir, exceto que pensar todas estas coisas nunca mudou as dificuldades materiais que eu atravessava, inclusive para elaborar meus próximos passos, sempre. Nem toda a consciência crítica que pudesse brotar em um quintal de caraminholas, como é a minha cabeça, poderia alterar minha condição de classe, de não possuidora de absolutamente nada além de mim mesma, carregando, até mesmo, essa única propriedade como o fardo que se tem de preservar e nutrir contra toda guerra e escassez, fabricadas pelo progresso do qual somos vítimas.

Toda a mitologia ocidental do progresso é também uma mitologia, uma narrativa da história a partir de dado lugar e tempo, uma coleção de ideias revelada na cultura de um povo, não de todos os povos, mas depois a todos imposta. É ela também certa fantasia, elevada, no entanto, a *status* de razão e lógica neutras, superiores, evoluídas, portanto, universais. Olhar para isso e enxergar, em mim mesma, traços confusos dessa elevação de determinado arranjo no lugar de uma resposta mágica para todas as perguntas não foi nada fácil.

É a dor certa marca deste movimento – a de escapar da fantasia e ficar cara a cara com a apodrecida estrutura –, desejando ainda mais escapar também daí, essa distopia de esqueleto em aço.

***

Esse desejo de escapar me moveu regularmente a deixar de me reconhecer em ativismos que eu mesma ajudara a produzir, sem deixar de teimar em produzir novos, buscando algo a que eu pudesse pertencer, arranjado de maneira que não me tolhesse e nem me iludisse.

Eu reivindico e valorizo tudo aquilo que pude compreender de mim através da minha classe: o caminho por essa senda me foi essencial, porque não me deu resposta certa nem algum modelo livre de problemas, me impondo chegar a novas perguntas. Conhecendo através destas trilhas meus pontos em comum, eu passei a perscrutar a mim mesma em busca de dissonâncias, mas eu as perseguia desde o lugar de classe que sou – e parece que a proposição cosmopolítica não faz questão de acolher a particularidade deste lugar de classe, talvez pelo fato de ter sido, ele mesmo, elevado a sustentáculo de megaprojetos de esquerda, universalizadores e englobantes também.

A questão é que parte das coisas que afirmo como classe é, exatamente, um conjunto de elementos múltiplos, disformes e agenciados sob o peso de profundas espoliações, ausências e desconexões, gente permanentemente espremida pelos movimentos do capital, essa exacerbação da experiência particular eleita ao lugar universal englobante.

Não posso desprender-me deste lugar de classe, porque ele me habita mesmo que eu não o quisesse ou fugisse de habitá--lo. Diferente dos que teorizam o que dado grupo de pessoas deveria fazer (regularmente estando alheio a esse grupo), toda a proposição de classe que eu possa proferir será sempre uma autoimplicação, e isso altera significativamente seu efeito universalizador englobante de megaprojeto político de esquerda, posto que não desejo estender ao mundo as condições sob as quais vivo e elaboro minha experiência de viver. Ao contrário, eu desejo que ninguém exista sob tais condições, porque desejo que estas condições deixem de existir.

Nisso está implicado também outro nó: o lugar de classe, a classe ou o grupo de pessoas e características que enxergo como os mais potentes agentes de desestabilização de qualquer proposição universalizante subalternizadora é exatamente aquilo que desaparece caso tenha algum sucesso. Pôr em tensão a normalidade capitalista acachapante e homogeneizadora sem apontar ou tentar repor em seu lugar nenhuma outra "normalidade" (que poderia se traduzir por normatização) poderia ser um ponto de contato que pusesse esse lugar de classe a estar abraçado também por essa proposição que não propõe, uma proposição que faz vibrar as tensões e dissonâncias.

Eu realmente fiquei tocada com a ideia da recusa cosmopolítica, com a perspectiva de um modo de ser e viver que organicamente se nega a participar da engrenagem, inclusive quando a negação dela se dá por dentro de seus mecanismos. Mas para mim a recusa só é poderosamente transformadora quando parte daqueles a quem é negada qualquer forma de participação economicamente cômoda. Aqueles e aquelas que se originam de classes burguesas ou pequeno-burguesas não podem restringir sua perspectiva contestatória à recusa em participar: porque são partícipes ainda que passivos, dado o fato de que sua vida repousa materialmente sobre aquilo que foi e é permanentemente saqueado das vidas dos que nada possuem além de si mesmos. Neste ponto, se a cosmopolítica não acolhe que a diferença entre classes impõe que para estar no mesmo lugar, irmanados em contrariar o progresso e o desenvolvimento, os caminhos que cada qual tem de fazer são distintos, dela eu terei de me separar. Porque se aqueles que possuem se limitam à recusa, o fato de possuírem transforma essa recusa, na prática, em abstenção passiva e consentimento prático de discurso crítico estéril.

***

Abandonar a perspectiva englobante não pode afirmar a liberação de juízo de todas as particularidades tal como hoje se mostram: isso seria reafirmar nossa pobreza e fome diante da opulência e funcionaria como tranquilizador dos que, sendo críticos, são ricos e cheios de privilégios.

A cosmopolítica me abre uma porta: a de compreender que o arranjo humano ocidental capitalista é subalternizador e extrativista, não apenas de outros humanos, mas também de outros animais e da natureza, que quase nunca é compreendida como sujeito na perspectiva anticapitalista. Aqui a cosmopolítica me permite radicalmente me reconectar a ancestrais cosmovisões afro-indígenas e radicalizar ainda mais a recusa do progresso, do desenvolvimento e do tempo linear.

Ao mesmo tempo, a recusa em tomar parte na engrenagem, a postura cosmopolítica que recusa a tão endeusada participação na engrenagem e que abdica da recompensa do progresso, não deveria ser interpretada livre de sua localização de classe. Isto porque, como já disse antes, do modo como eu vejo, a recusa tem significados e impactos diferentes a depender da classe em que se origina.

A radicalidade cosmopolítica de muitos povos indígenas é tão mais forte quanto é o fato de que não a realizam desde um lugar de privilégio ou conforto e não sustentam a organização de suas vidas (e recusas) sob arranjos alimentados, por ação ou herança, pela opressão e exploração de outros humanos.

O zapatismo é indígena, e para que um não indígena assumisse nele um lugar proeminente ele teve de cobrir a cara e sustentar objetivamente que não capitalizaria – nem individualmente e nem como expressão individual de um segmento de classe que sempre capitaliza – o esforço ativista de outra classe, bloqueando a reposição de seu privilégio no interior da luta.

Assim é que o esforço cosmopolítico precisa criar maneira de se aproximar para compartilhar-se como perguntas-ferramenta, como dúvidas-geradoras, como questões que enriqueçam de instrumentos a quem mais precisa de um mundo mudado.

Estar satisfeitos em realizar a crítica estrutural ao sistema, desembocando numa radical recusa, mas que permanece circunscrita a círculos onde a proposição cosmopolítica é apenas o silêncio negador, faz com que essa recusa, assim configurada, torne aquilo que poderia ser poderosamente transformador em uma atitude que se iguala a certa isenção.

Ocorre que ninguém está isento da responsabilidade conferida pelo saber a que chegamos e que a cosmopolítica bem aponta – que é a certeza de que o caminho em que estamos nos leva a colidir com a parede –, e esse silêncio, constituído de recusa, precisa assumir a necessidade de fazer-se compartilhável para tensionar raios de certeza cada vez maiores. As narrativas de pretensão universal (o cristianismo, o iluminismo – e, portanto, a ciência – etc.) não nos servem. Como tampouco serve a pretensão pós-moderna de fazer do desejo, juízo e vontade individuais um projeto com sentido em si mesmo. A pós-modernidade não emancipa, assim como a modernidade não emancipou. A única narrativa de pretensão universal de onde se pode retirar algo que nos sirva à emancipação é a narrativa anticapitalista, porque ela se firma, sobretudo, em negar o capital (ocidental e moderno), mas ainda assim com a tarefa de arrancarmos do postulado tudo aquilo que pretende explicar, pelo mesmo vértice, tudo o que não seja o capitalismo.

As narrativas pré-capitalistas não são nem de pretensão universal e nem repousam sobre o pensamento liberal pós-moderno e, por isso, eu poderia remeter-me a ancestrais indígenas e olhar as notícias que se escondem, sobre povos que expulsam não índios, na Amazônia brasileira ao tempo em que declaram sua plena autonomia. Quando perguntaram a um deles o que era autonomia, ele respondeu: "É se virar sozinho".[1] Poderia parecer idiota que alguém lutasse contra forças de repressão oficiais e paraoficiais para ter de "se virar sozinho". Mas é exatamente nisso que encontrei a

---

[1] Locatelli, Piero. Após expulsarem de madeireiros a médicos, índios defendem autonomia total no Maranhão. *Repórter Brasil*, UOL, 9/5/2018.

dissonância como proposta: nós não queremos dizer como se deve viver, nós não sabemos explicar como é certo viver, nós só queremos viver, redescobrir um modo de fazê-lo reativando antigos dispositivos de harmonia sincrônica entre histórias, tempos e arranjos da vida humana e não humana. Esses povos restam e resistem, sincronizados ou sincretizados, em modos de organização da vida arranjados de maneira que a pergunta não precisa e nunca pode responder a todas as dissonâncias, abrindo espaço ao desajuste que gera outros arranjos, que se produzem, empareados.

Várias dessas formas disformes de arranjo da vida sobrevivem em lugares e comunidades onde a relação com a terra, com a natureza e com o outro é erigida desde um vértice distinto. Idiomas indígenas, como aquele que acolhe a palavra TXAI, revelam concepções sistêmicas que não pressupõem um englobante. Na verdade, são concepções que estão dedicadas a ser, estão absorvidas em existir e não se dissipam, por isso, na busca por englobar-se ou englobar.

Sua existência é a própria afirmação da dissonância como ponto de contato real entre múltiplos e deixa entrever que o comum é um desenho em mutação contínua, o que poderia nos levar a enriquecer uma ideia poderosa de que a revolução só é se for permanente, porque nos momentos em que se paralisa buscando formas de conservar-se, deixa de realizar-se a essência que torna um processo revolucionário.

São muitas as dissonâncias que compõem a multiplicidade subalternizada que se poderia chamar de classe. E de onde estou – econômica e geopoliticamente – sempre vai restar alguma dissonância em relação até mesmo à tão rica proposição, como essa cosmopolítica que, no entanto, parece implicar-se pouco nos verbos, recusa que – como já disse – a mim parece inerte se oriunda do lugar de privilégio ocidental (geográfico, étnico e econômico).

Não há aqui exigência alguma; apenas pontuo que a mesma cosmopolítica – que por vezes vejo em ato por parte daqueles que estão implicados nos verbos por meio de sua condição explorada e oprimida, como os indígenas – desenha uma insegura silhueta comentadora-imóvel quando dita desde um lugar pouco implicado (dadas as condições de elaborar criticamente sobre a fome sem estar a decidir cada passo, incontornavelmente, sob o peso dela).

Então, viajarei em sua companhia até aqui, professora, profundamente agradecida por tudo o que me provocou, mas tentarei seguir um pouco mais adiante, em companhia de uma cosmopolítica geneticamente modificada. Porque depois de saber isso, *o que eu iria fazer*? Cada desgraça que enxergo no mundo, cada punhalada de opressão e silenciamento, de saque até de coisas que não se imaginava poder saquear, cada mazela é como uma faca, vindo em minha direção.

Essa questão se desdobra em outra: a ciência ocidental autocrítica condena a relação *sujeito*/pesquisador/cientista x *objeto*/alienado/receptor. Ela busca deslocar-se a ver, naquilo que procura entender, *sujeitos*/pesquisadores/cientistas, e não receptores. Isso é louvável (desde a minha opinião), mas ainda carregado de certa arrogância iluminista de fundo, por onde se inscreve a marca do *conferir algo a alguém*, essa generosidade ocidental superior. Presos à chave de que algum reconhecimento ocidental seja necessário para tudo o quanto se apresenta selvagemente alheio às lógicas de pensamento e ação aceitas.

Eu aprendi com os adolescentes pichadores das florestas de pedra por onde caminhei que não interessa se não entendemos o que eles escrevem. Eles não escrevem a quem não quer entender, e quem quer entender picha. Mas eles não propõem a ninguém que piche. Eles não têm nenhum projeto de que isso seja político, apenas o é, pela total selvageria do ato e do processo. Eles não acham que essa seja uma alternativa e não propõem nada; e ainda assim se organizam e picham. Recusam a sociedade capitalista, e não propõem outra, e não se importam que não gostem, ou que não entendam. Não querem explicar, simplesmente querem pichar em paz.

Eu descobri os idiotas de Bartleby, em *favelíndios* urbanos, que praticam alquimia produzindo tintas para marcar paredes e portões. Eles são fabricantes de cores e materiais que são pensados em sua interação com o meio ambiente. Algumas tintas chegam ao tom desejado apenas quando expostas ao sol intenso, são cores que fritam.

O olhar englobante vai apontar por todas as partes, mas não alcançará ver a profunda conexão entre os pichadores e os indígenas. Eles constituíram da dissonância uma comunidade, mas não querem propor nenhuma ideia, não acham nada sobre o que não consideram um problema seu – a sociedade que eles condenam. *Eles só querem pichar em paz. Mas não podem.* Está nisso seu próprio corpo inteiro em risco, junto com as suas ideias.

É este o momento quando o que é subalternizado demonstra potências: a essência que não se pode realizar neste arranjo universalizante, mas que precisa se realizar, porque sendo essência é ela mesma vida; a mais perigosa desestabilizadora de normatizações. Toda crítica, por mais profunda que seja, se puder realizar-se radicalmente de algum lugar de conforto, mata essa potência; o que se poderia estender a uma leitura de grande parte das lógicas pelas quais operam as intelectualidades de esquerda.

Chego então àquela mesma chave, mas por outro caminho, que é o lugar que a mim foi configurado nessa vida: e se fôssemos todos objeto/alienado/receptor? E se estivéssemos mais próximos do arranjo de funcionamento da vida, das pedras e das plantações – como arrogantemente o concebemos, do que acreditamos? Justamente, e talvez, porque pensamos demais. E se até essa ideia de direitos humanos, tão permeada desse conferir algo a alguém, fosse ela própria parte da arrogância ocidental sobre todos nós e funcionasse, calando-nos, por um ilusório caminho civilizador? Caminho por onde deixamos as plantas, as águas, as pedras, os animais e as florestas subalternizadas pelo ritmo frenético da mercadoria.

E se o próprio pensamento, ou essa ideia de pensamento, fosse um obstáculo a destruir porque é também um universalizante abstrato, englobante de funcionamentos díspares de elaboração da experiência?

Não se trata, contudo, do que proponho a mim mesma. Não se trata de elaborar uma nova ordem das coisas em que eu instalarei a minha vida. Ao contrário. Eu não farei nada com essa coisa que agora sei. Mas vou viver com ela. Como vou viver com ela agora? É a pergunta que me faço a mim mesma.

Sendo "idiota",[2] dissonante e dissidente, sendo de uma classe explorada, de um gênero oprimido, de um país colo-

---

[2] "É o que nos conta, à sua maneira, a história do homem da lei que no célebre romance de Herman Melville foi confrontado com o 'I would prefer not to' de seu escrivão Bartleby. [...] A personagem de Bartleby opera uma passagem ao limite: nós nunca saberemos o sentido de uma indiferença que o leva finalmente à morte (preso por vagabundagem, ele preferirá ficar sem comer). Em contrapartida, nós podemos compreender o trajeto do homem da lei face a esse enigma. Ele combate isso, ele fica perturbado, profundamente perturbado; ele está disposto a tudo, ele não consegue não se sentir responsável, mas também não pode abrir mão das regras do jogo

nizado e, portanto, fruto do estupro da civilização ocidental, tendo sido despojada de terras e atravessada por genocídios e massacres de toda sorte na reposição do processo de acumulação primitiva, que não é primitiva, não posso me abster de agir porque a abstenção significaria a morte da essência desestabilizadora que carrego e que deseja realizar-se, mas não encontra maneira neste arranjo e, embora seja minha, só pode encontrar realização transbordando em outros.

Preciso esquivar-me de todas as balas, e decisões acontecem no meu corpo antes que em minha cabeça, espremida pela dinâmica material de minha vida. Não se trata de uma proposição ou de um programa, mas não posso ser inerte; ainda que não tenha uma proposta de para onde ir, preciso ir.

A dissonância converteu-se em dissidência.

O lugar da experiência é o lugar do corpo, para a ciência ocidental. As elaborações são do campo metafísico, supra, neutro e elevado, a salvo, se bem trabalhadas, das intempéries. Como, então, se definem as críticas desde o olhar de um corpo totalmente exposto, sem desvio possível de intempérie alguma? Uma tentativa antropológica.

Eu observo as minhas plantas e as vejo crescer. Há algum tempo percebo que elas me alteram. Inicialmente eu achava que as plantas demoravam a crescer e fui agarrando mudas pelas ruas, proliferando em minha pressa, vários plantios diferentes. O cuidado com elas se incrustou na minha rotina de acordar bem cedo e me acostumei a esquecer de olhar

---

social que Bartleby desarticula. Ele não pode imaginar outra questão senão essa de um retorno de Bartleby a um mundo comum. Quando os clientes se chocam com a recusa desse escrivão desocupado, que prefere não lhes prestar os serviços que pedem, ele não considera compartilhar com eles sua 'idiotice' e é sem dúvida isso que o condena à vilania [...]". Stengers, Isabelle. A proposição cosmopolítica. *Revista do Instituto de Estudos Brasileiros*, Brasil, n. 69, p. 442-464, abr. 2018.

as plantas com algum desejo. Passei então a ver nelas uma rapidez, encontrei cores novas, folhas germinando. Esse arranjo de vida, profundamente subalternizado pela abstração universalizante e solapado pela movimentação do capital, aquilo que muitos chamam de natureza, esse arranjo que nos provoca, mas não nos determina porque é sistema que interage nos pontos de contato sem discurso, sem proposição, não propõe englobar nem se preocupa de ser englobado, porque não propõe, é além de discurso. Mas também não se dissolve fluidamente, ao contrário, martela como dissonância amplificada no que alguns chamam de "catástrofe natural", que na verdade são os espasmos indomáveis de um sistema silenciado até por quem se vê silenciado.

Neste sentido, o tempo passou a me interessar mais. É tudo tão emaranhado. Não sei muito bem como sair daqui, mas é exatamente nisso que eu deveria estar, já que essa ausência de objetividade até aqui me trouxe.

O tempo, por fim, me parece também algo que habita a interrogação permanente que é a provocação cosmopolítica. A experiência de disciplinamento pelo trabalho, ou pela repressão, ou pela educação, ou por uma série de instrumentos da dominação universalizante imprime em tudo um certo tempo. Esse é um tempo da acumulação, do relógio frenético, da urgência sem sentido, e desvia sempre o olho do vazio que deixa atrás de si como rastro. Mas o desemprego, o sucesso inalcançável, o mérito insuficiente, a incapacidade de acumular, o sexo dominado e a fome parecem abalar esse tempo outro, impondo destroços que fazem pensar a justaposição de tempos que o capital articula sob suas ordens.

É no tempo que me separo do marxismo, me divorciei da ideia de que alguma "fase de desenvolvimento" seja necessária, de que exista positivamente algum sentido para a ideia de "progresso" e de que algum arranjo social qualquer tenha sido o "passado" de qualquer outro arranjo presente. Neste ponto, o que me separa do marxismo me une então à proposição cosmopolítica. E podemos nos reencontrar, agora em configuração distinta, ainda que sejam idênticas as variáveis.

Creio que o que mais desejaria lhe dizer depois de tanta história besta é que meu encontro com suas ideias me provocou a vontade de reler meu livrinho de notas e entender em que pedaços a cosmopolítica poderia ter passado invisível por mim.

Achei muitos pontos e fiquei a pensar porque era tão difícil encontrá-la elaborada de forma que acolhesse as particularidades do povo que sou (pobre, preto, favelíndio, afroindígena assalariado). E todas as perguntas apontaram para eu mesma: é que nós somos quem pode dizer sobre isso desse jeito.

Queria lhe compartilhar esses pensamentos, mas creio que não lhe enviarei esta carta. É que talvez, o papel dela, tenha sido o de ser escrita. Reordenando meu pensamento, a tarefa está cumprida.

O mais seria viver, mais que isso não se pode levar ao papel (se é que se pôde compreender este emaranhado).

Nota 15. Como me tornei feminista

Para contar a história de como me tornei feminista, eu preciso explicar como eu era ou como eu vinha sendo e seus porquês.

Eu me tornei militante muito jovem, com apenas 13 anos de idade. Igual a todas as pessoas trabalhadoras ou filhas de pessoas trabalhadoras, eu não decidi militar porque tivesse uma crítica bem definida do mundo, ou porque tivesse afinidade com algum plano político para construir uma nova sociedade. Eu comecei a militar porque precisava.

A minha vida me empurrava para isso; as minhas condições econômicas, o meu contexto social e político, enfim, comecei a militar porque eu era a filha mais velha de seis crianças; porque eu, sendo a mais velha, só poderia ter experiências novas com meus pais ou conhecendo novas pessoas, porque meu bairro era uma enorme favela, cravada na região metropolitana de São Paulo, que não oferecia nada a ninguém que fosse jovem.

Na verdade, não oferecia muita coisa a ninguém; era um desses bairros que chamamos de bairros-dormitório: o lugar onde se dorme, se come e se sobrevive – indo sempre trabalhar em outro lugar e indo estudar cada vez mais longe conforme se aumentava o grau de estudo.

No lugar em que eu crescia – embora não houvesse equipamentos públicos culturais e de lazer, embora não houvesse boas escolas públicas e bons empregos – havia muita vida; milhares de mulheres e homens trabalhadores lutando ferozmente para conseguir o básico e seguir vivendo. Nesse sentido, o lugar onde cresci me ofereceu muito.

Em meio aos anos 1990, uma década que foi duríssima para os povos da América Latina – onde estavam sendo implementadas medidas neoliberais de modernização capitalista, que geravam o aprofundamento da exploração e espoliação –, meu bairro não oferecia nada e era, ao mesmo tempo, uma metáfora de muitos lugares por aí.

Então, eu fui ser militante. Esse foi meu caminho para conhecer as coisas que as escolas não ensinam, para conhecer pessoas inquietas como eu, o meu caminho para aprender a tocar violão e conhecer a música de outros países; meu caminho para aprender um idioma diferente e para conhecer a história dos meus antepassados; meu caminho para compreender o que era ser trabalhador e pobre e entender o mundo por meio do entendimento disso.

Só não tinha sido ainda, durante muito tempo, o meu caminho para me compreender como mulher trabalhadora, para compreender a dimensão da exploração, da espoliação e da opressão capitalistas no meu corpo e no meu jeito.

A enorme maioria dos militantes que conhecemos são homens, se isso se aplicar aos sindicatos – que são ainda uma forma organizativa que tem sua importância no Brasil; – além de homens, eles serão mais velhos e um tanto desengonçados em ler as mudanças do nosso tempo. Aprendi muito com eles e admiro quão valorosos e importantes eles foram e são, mas não posso deixar de dizer que não dava a menor vontade de se compreender como mulher quando se fica diante do desprezo que eles fazem parecer que a política tem por nós; como se fôssemos supérfluas, acessórios, decoradoras da luta ou corpos para se ficar olhando ou tentando sensualmente dominar.

Eu fui machista muitas vezes comigo mesma e com todas as cobranças que me fazia como uma das poucas "dirigentes" mulher, jovem e de origem pobre, numa esquerda majoritariamente masculina, branca e pequeno-burguesa. Eu fui machista muitas vezes com outras mulheres, por trás de elaborações sofisticadas que ao final eram um jeito de me esconder das minhas próprias contradições.

Eu olhava o feminismo branco que me ofereciam e encontrava nele todas as falhas que justificassem o fato de eu não assumir com tanta força a luta feminista como eu assumia a luta classista do meu povo.

Assim eu vivi muito tempo, sempre militando nos movimentos que se organizam no território, olhando de frente – nas mais inusitadas ou corriqueiras situações da minha atividade política – as enormes oportunidades de avançar que se dão na luta quando as mulheres acessam um lugar de respeito onde possa atuar politicamente e exprimir suas necessidades.

Mas mesmo vivendo essas experiências, eu ainda não havia entendido o feminismo classista, o feminismo comunitário, periférico, afro-indígena, libertário.

Então, eu atravessei momentos muito duros na minha vida pessoal. Me vi, em dado momento, como uma jovem mulher, "dirigente", que ao divorciar-se toma para si, sozinha, todas as responsabilidades implicadas no fim; que introjeta a culpa cristã que turva a vista e o juízo das coisas; me vi como uma mulher de vida exposta, que precisava calar porque, afinal, meu ex-companheiro era militante e o silêncio era o preço da estabilidade da militância.

Só depois de me violentar por muito tempo eu percebi que eu era uma mulher e que, em todos os momentos difíceis, é para o nosso lado que a corda arrebenta; percebi que o sacrifício do silêncio em nome da estabilidade era só da minha parte, porque da outra não havia sequer pensamento a esse respeito.

Passei a olhar com outros olhos as mulheres que vivem e militam ao meu redor; fui percebendo a força oprimida que elas são e imaginando que força elas seriam se estivessem libertas!

Então, algumas mulheres marxistas com quem eu tive muitos embates e divergências me ensinaram, a duras penas, questões que eu precisava saber. E toda vez que eu lhes apontava o dedo mostrando a elas como o seu feminismo muito branco não se aplicava a mulheres negras e pobres como eu, elas também me apontavam dizendo que eu, como mulher e dirigente, não podia me furtar a dar combate ao lado das minhas camaradas de luta, ativamente contra o machismo.

Descobri que o que passei para aprender a importância do feminismo poderia ter sido mais fácil e menos doloroso, não fosse a apropriação colonizadora da narrativa do que são nossas mazelas como mulheres afro-indígenas e pobres, que não figuram no discurso feminista hegemônico, e se eu tivesse conhecido antes as formulações de mulheres negras como Assata Shakur, Beatriz do Nascimento, Lélia Gonzalez, Angela Davis e outras, que permaneceram invisíveis por muito tempo, e ainda agora têm suas vozes relembradas e traduzidas a custa de muito esforço.

Descobri que, depois de ter aprendido isso, é minha responsabilidade nunca mais calar, nunca mais silenciar em troca de estabilidade, porque não há estabilidade boa que se apoie em relações de opressão. E as lutas que queremos construir, embora não sejam e nem serão ilhas, precisam ser espaços onde a opressão seja constrangida.

Descobri que é parte da minha militância contribuir para que outras jovens mulheres, negras e pobres, militantes, possam estar fortalecidas para falar sempre, para que tenham um caminho mais rápido e menos doloroso que o meu, para que seja mais simples, e menos sofrido para nós mulheres, compartilhar com os homens as rédeas das lutas por nosso futuro como trabalhadores e trabalhadoras.

Nota 16. Carta não entregue ao feminismo

[desde os territórios da fome]

De tudo que me parece extremamente importante dentre as coisas que pude coletar em meu caminho atravessado por mundos letrados, está, finalmente, o feminismo. Ele não figura "finalmente" à toa; foi talvez um arcabouço instrumental ao qual por muito tempo resisti e, portanto, agregou-se à minha caixa de ferramentas elaborativas, me encontrando já adulta, casada e divorciada por pelo menos três vezes e com mais destroços em meus bolsos do que qualquer um poderia imaginar olhando-me de longe.

Até o presente momento em que escrevo estas notas, me engasgo ainda em afirmar-me feminista, esta palavra que parece ter sido introduzida em meu cérebro desde o exterior. Me forço, repito-a, reflito sobre ela, ouço e leio, buscando familiaridades que me possam ajudar a estar perto ou, quem sabe, dentro dele mesmo.

O antropólogo dizia que a diferença sentida por ele foi que, entre o povo Azande, ele pôde comungar, ser acolhido e viver como igual, enquanto que entre o povo Nuer sempre o mantiveram em seu lugar de estrangeiro amigo, de forasteiro aliado e curioso, mas nunca um deles. Assim, adentrei o feminismo com essa sensação de ser estrangeira acolhida por certa radicalidade que se postula entre mulheres majoritariamente brancas e muito comprometidas em questionar o patriarcado até as suas últimas consequências.

O problema em questão coloca-se exatamente aí: como ir até aquilo que se apresenta como "últimas consequências" do patriarcado nas vidas de todas as mulheres não brancas? Foi então que, de estrangeira, passei a sentir-me parte, comprometida em colaborar com a disputa pelo conteúdo radical desta palavra e desta luta, e em colaborar com a produção daquilo que a mim mesma faz falta.

Verdadeiramente, não seria sequer possível que tais mulheres respondessem a esse enigma, porque fazê-lo representaria outra vez a reprodução da constante universalidade englobante da razão ocidental. Seria a narrativa superior descrevendo as vidas daqueles que não se podem expressar por meio de dada forma de narrativa, por ser ela, em si mesma, também produto da subalternização colonialista de todas as outras formas de narrar a elaboração de nossas experiências; jeitos de contar que não compõem a gramática do que é reconhecido nesta sociedade como conhecimento.

Nossa necessidade de elaborar, por escrito, nossas coisas de mulheres afro-indígenas, por vezes aparece como mais uma violência: ou aceitamos adentrar a gramática reconhecida dos auditórios ou de nada vale o que pensamos, pois se não existe escrito, não existe.

Quase todo o conhecimento ancestral de que temos ciência nos foi transmitido, sobretudo, oralmente. Desprovidos de instrumentos para escrever, despidos da preocupação de inscrever-se na história para além da própria vida (já que não existe a própria vida desconectada da natureza eterna e cíclica), a nossa tradição é falar.

E, no entanto, foi apenas em 1900 que o médico judeu--austríaco descobriu que falar é uma cura.

Talvez seja uma pista de como a própria dinâmica – oralidade – de preservação da história que somos, seja, também, sincronicamente a cura que nos permitiu sobreviver a tantas chagas.

O feminismo que nos informa sobre a história de opressão das mulheres brancas tem uma enorme importância, mas, ao elevar a *status* de experiência universal essa história de opressão particular de parte das mulheres, ele deixa atrás de si um imenso buraco.

Aponto esta incompletude intransponível para demonstrar que não faz parte de mim, ou de minha crítica, a exigência de que digam por nós, ou que deem visibilidade a nossas chagas invisíveis em seus estudos e investigações.

Nesse movimento teórico estranho, serpenteio em tentar construir por outras trilhas aquilo que me faz falta nesse feminismo e que é, também, o que ainda me causa certa dificuldade em afirmar-me fluidamente como feminista. O faço. O farei por quanto tempo for necessário, posto que é, também, uma afirmação radicalmente política. Mas é também política minha afirmação permanente, em ato--contraditório, da insuficiência de qualquer proposição que se pretenda universal.

Eu era já militante quando me tornei feminista.

Pensando agora, não me estranha que eu tenha primeiro me afirmado como marxista, ou comunista, ainda que fosse desde o início – e seja cada vez mais – de um marxismo selvagem, de um comunismo selvagem (não identificado aqui a nenhuma leitura deleuziana de Marx ou qualquer divisão entre jovem *x* velho, primitivo *x* soviético etc.), e só depois tenha compreendido a face do meu gênero.

A pobreza que nos assolava era tamanha que ofuscava quase toda a particularidade dentro dela, e isso coincidia de forma pontual com o silenciamento das mulheres das camadas populares, que ainda agora seguimos sem nos *expressar* (manifestar) através das reconhecidas veias de expressão do pensamento. Assim, a primeira atrocidade que me punha em relação de pertencimento orgânico era a atrocidade da sociedade de classes.

A esquerda sempre foi e ainda é terrivelmente machista, reproduzindo com sofisticação elementos de machismo que condenam quando surgem em sua forma exacerbada como violência avassalando territórios pobres.

Assim, não encontrei o feminismo nem em meu território (dito de forma nítida, é claro), nem no marxismo ao qual me associei por precisar de ferramentas para compreender e explicar minha própria condição de classe, nem na esquerda: eu não tinha por onde encontrar o feminismo que se elabora como tal porque ele não havia se preocupado em construir-se nos lugares por onde a minha vida e a de milhões de mulheres que comigo guardam semelhança estávamos a sobreviver.

Mais tarde, por vias estreitas, a trombadas e até na contramão, encontrei-me com o feminismo e ele me tocou lugares que me fizeram parar e pensar naquilo que eu era e se poderia eu continuar negando sua importância essencial à libertação dos povos subalternizados da terra.

Não foi simples.

Ouvi as mulheres mais radicais questionarem o amor romântico e a crença alienante que as escravizava à espera do príncipe encantado, par-perfeito da feliz família monogâmica. Eu pude compreender a sua dor, mas nunca pude me reconhecer nela. Para nós, mulheres negras, indígenas ou afro-indígenas, nunca houve tal promessa e, escravas ou de passado escravo, sempre ocupamos o lugar de mulheres clandestinas de algum homem, que em sua vida oficial sustentava outra mulher a seu lado. Ou éramos lançadas à dura solidão das mães solteiras ou mulheres hipersexualizadas que são desejadas para o prazer, mas nunca para a partilha e para o cuidado. Tudo muda quando os olhos que contam a chaga atravessaram uma história de outra sorte.

Quando as escutava atentamente descreverem, orgulhosas, sua vitória sobre o mito da fragilidade feminina, eu pensava que este mito nunca teve seus tentáculos lançados a nós que, escravas ou de passado escravo, temos sido sempre tratadas como bestas de cargas, tal qual aos homens de nossa cor e nossa classe, como animais para a procriação e para o trabalho pesado. Nossa busca foi quase sempre na contramão dessa engrenagem, buscando demonstrar que não somos animais, que o peso do chicote machuca e que somos gente, com sensibilidade e dor, gente escravizada e subalternizada por quem definiu que não éramos humanas ou que éramos humanas sem alma, precisadas de açoite para consertar o paganismo orgânico que se entrelaça às nossas células.

Quando eu via as moças brancas botarem os seios à mostra nas passeatas, corajosamente desafiando o encarceramento católico a que seu modo de ser foi submetido, eu pude ser solidária, mas não pude me identificar com este sentimento. Porque nunca a exposição de nossos corpos significou para nós, mulheres negras, indígenas ou afro-indígenas, a liberdade no capitalismo. A hipersexualização de nossos corpos, a superexposição de nossa sexualidade, a absoluta mercantilização instrumental de nosso sexo – para dar vazão a tudo aquilo que a religião proibia no casto leito do matrimônio ocidental – nunca nos permitiu ser felizes, cuidadas, nunca possibilitou que nos orgulhássemos de nossa cor e traços, ao contrário.

Minha condição econômica de mulher pobre, minha condição racial de mulher pobre afro-indígena, minha subjetividade de mulher pobre afro-indígena ativista de esquerda, tudo isso faz com que eu me identifique apenas de maneira parcial com toda a potência de postulados que têm sido trazidos à tona por dedicadas e comprometidas ativistas dessa nova fase do feminismo latino-americano. Porque a experiência de todas essas contradições no arranjo de vida que me habita se dão de outras maneiras, e isso produz em minha própria carne histórica a centralidade de outras questões que a vida me impôs.

O patriarcado é a opressão fundante? Existia patriarcado antes do capitalismo? Em Abya Yala, os distintos arranjos da vida, contraditórios, complexos, não necessariamente justos, enfim, não se pode denominar com a mesma palavra que utilizamos para descrever a experiência que pretende englobar todas as demais, evento acontecido no capitalismo a sua generalização ocidental. Nós conhecemos o jugo do patriarcado junto e amalgamado ao capitalismo, ao colonialismo e, portanto, ao racismo.

O trabalho invisível, não pago, saqueado, não foi uma experiência apenas de nós mulheres, mas de todo nosso povo negro e indígena, que se repõe cotidianamente na exploração e espoliação de nossa classe possuidora de cor, de gênero e de marcas da chibata, nas costas ou na alma.

Enquanto as filhas Nanã e Ñanderu não puderem se reconhecer na narrativa que busca contar a história de nossa opressão, nunca haverá libertação total, e enquanto não houver libertação total, não há libertação nenhuma.

Nota 17. Sem nome

Eu tenho dentro de mim uma coisa que me dá febre. Minha mãe achava que era coisa ruim e rezava, rezava e rezava. A febre não passava. O médico dava remédios e todo mundo esquecia. A coisa dentro, que me dava febre, adormecia drogada de comprimidos e gotas.

No dia em que fiquei adulta eu era criança ainda, e fui embora.

Me distanciei das rezas e dos remédios e, então, a febre foi voltando aos poucos, ano após ano, elevando a temperatura de meu corpo, às vezes um imperceptível meio grau.

Eu sentia calor, mas não suava, não ainda.

Os trovões no céu assustaram meus cachorros e eu desatentei de escrever sobre a história da minha fome para ir ao quintal olhar.

Saí no terreiro e vi os raios baixarem do alto, como setas explodindo cidades.

O vento derrubava as árvores e eu recolhi meus animais do tempo aberto, para que eles não tivessem medo.

Não sei se os animais têm um medo como é o nosso medo. Sei que os animais desejam organicamente viver e seus instintos são a maneira pela qual isso se inscreve. Mas não saberia dizer se é o nosso medo o mesmo medo deles, posto que o nosso é infectado por excessivo pensamento.

Quando as gotas grossas se derramaram no dilúvio das nuvens, eu saí outra vez ao quintal e, com meus pés descalços no chão molhado, senti a febre comer a minha máscara.

As minhas lágrimas se misturavam com a chuva e, quando o raio atingiu a minha cabeça, eu não morri, mas senti que meus dedos se desmanchavam; se transformavam afinando e criando juntas, ao tempo que enrijeciam como madeira, raízes que entravam solo adentro.

Pude tocar, com a ponta dessas raízes, a água dentro da terra e senti-a subir pelas pernas encontrando-se com meu sangue.

Antes que eu pudesse entender, como um elo entre as águas da terra e as águas do céu, minha garganta se abriu escancarando um grito dolorido que me fez urrar como um animal nalguma lua torta.

Do meu grito jorravam corpos e destroços.

Milhões de corpos indígenas mortos jorravam no meu grito e eu sentia o enxame de espíritos saindo como uma nuvem de abelhas, e o grito fora de mim passou a estrondar mais alto que os trovões.

Antes que eu pudesse respirar, de dentro pra fora de meu corpo explodiam impingens com a marca de 5 milhões de almas negras violadas, sequestradas e escravizadas.

Senti meu útero engravidar de mil crianças amarradas no porão de navios tomados por peste e sangue.

Senti meus quadris doerem, meus ossos se afastarem e da minha vagina arreganhando-se saíam exércitos de pequenos abayomis amaldiçoando em yorubá.

Sem nenhum cavalo a me arrastar, meu corpo se dividiu em pedaços, como no dia em que Tupac Amaru foi silenciado.

Eu não estava morta; minhas pupilas giravam dentro dos olhos e as formigas da terra arrastaram meus pedaços para junto de minhas pernas – ainda com raízes fincadas no chão.

Os abayomis costuraram minhas partes, tecendo com o pano que são.

Pude ouvir, no assovio do vento rodopiado:

– Você tem raízes e seremos por um tempo as suas asas.

Eu tinha na pele a cor de urucum, que utilizam nas cerimônias.

Uma estranha calma me ofertava a lucidez de um cético.

Eu não tinha medo.

E era um tempo de guerra.

Nota 18. Saudação às armas

Ou o fracasso do progresso (também de esquerda)

O movimento feminista me muniu de uma ferramenta que eu não utilizava: a possibilidade de compreender a apropriação privada do esforço coletivo em todas as relações sociais. E nossa forma organizativa como esquerda tende, historicamente, a reproduzir essa apropriação.

A apropriação patriarcal do esforço coletivo de ativistas mulheres, invisibilizando-as em todos os espaços de representação ao tempo em que explicitam o fato de que, efetivamente, os representantes já não representam.

A apropriação branca do esforço coletivo de ativistas não brancos, maioria no mundo, posto que o mundo é majoritariamente não branco. Que também poderia ser traduzida na apropriação por setores burgueses ou pequeno-burgueses do esforço coletivo e resistência de trabalhadores ativistas superexplorados, nos invisibilizando em todos os espaços de representação, espaços esses que passam a, efetivamente, não nos representar.

A crise que faz colapsar a confiança nas instituições de representação da ordem deve nos levar a analisar, de forma autocrítica, nossos padrões repetitivos de engano.

É preciso compreender o colapso da confiança, pastagem do ceticismo, mobilizado ou não.

Sem que caiam todas as ilusões, nenhuma esperança poderá renascer. Essa é a parte imóvel da premissa. A outra parte é que, em meio aos destroços que serão empurrados para abrir caminhos, há pedaços de nós que precisam ser abandonados.

Se o medo (e quanto mais se tem a perder mais medo se alimenta) nos impede de abrir caminhos, nos imobilizamos.

Se decidirmos coragem para desobstruí-los, é preciso se revolucionar e revolucionar a maneira com que intervimos na vida.

O que dá de comer

Nota 19. Carió de vasilha

O carió que sou
comeu nas vasilhas
de muitas origens.
O espírito inominável
Do povo
a beber água
das fontes sujas,
perambulando praças.
Não fosse a giringonça,
O Sr., seu Boas,
podia ter sido um esquimó.

Nota 20. Cru e Cozido

Do lado errado
da rua,
nunca tem comida.
Do lado esperto
da rua,
Sempre tem polícia
E a abundância
Ronda a fome
Como uma mosca
De padaria.

Nota 21. Serralha de quintal

Da teoria [boa]
assim como
da terra [boa]
é preciso arrancar
ervas daninhas

Nota 22. Gamela

O conheceu padre,
fechando as avenidas
de São Luis.
Caminharam um pouco
e a vista de alcântara
lembrava o cheiro do pecado
Capital.
Falou dos corpos
afogados sob a onda
de progressos.
Ficamos sem comida
no congresso
e protestamos
dentro
do protesto.
Leu no jornal:
"*É o atentado contra o direito de existir*".
E buscava essa seta
em todas as direções.

Nota 23. O.N.G.

A moça dava *oficinas*
e começava dizendo
como tínhamos de respirar.
Uma vinha de Perus
– Outro lado –
porque queria muito
aprender a respirar.
– Inspire e ouça o som da sua respiração
Outra, de salto alto,
tentando meditar
no asfalto
de São Bernardo até aqui.
– Inspire e ouça o som da natureza ao seu redor
Meu ouvido
Estranhava as orientações
Da oficineira de respirar
E não conseguia
Desgrudar do giroflex.

Todas desejamos nos mover de nós.

Nota 24. São Paulo

Pessoas lindas vestindo roupas modernas espalhadas pelo saguão cinza e vermelho. Quadros e cartazes de filmes empoleirados nas paredes e as vitrines com livros de arte faziam sombra no piso com algumas pipocas caídas do balcão do café.
As pessoinhas falavam de cinema, política, teoria crítica, e sabe-se lá mais o quê.
Bem-bonitinho-decadente...

O catador de latinhas arrastava sua carroça e o ônibus atrás.

Passando pela rua ia um rapaz com aquele jornal debaixo do braço, enquanto conversava com alguém com as mãos no bolso e falando no fone de ouvido. Estava atrasado para a reunião, mas chegava em menos de dez minutos.
Bem-bonitinho-decadente...

Lembrava do Abapuru e pensou que faria uma viagem...
– O que tem aí pra alguém que está com fome? E que não dê muito dinheiro ao seu patrão...

– Tem torta de frango com milho. As pessoas dizem que enche bem.
– Me dê um pedaço e um café.
– Açúcar ou adoçante?
– Nada.

Enquanto comia sentada, pensou que devia se mandar e viver no alto Xingu.
Bem-bonitinha-decadente...

Nota 25. E se...?

E se eu assumisse que a composição da vida, tal como a conheço, seja produto de forças visíveis e invisíveis?

E se eu, declarando-me marxista – materialismo histórico e dialético –, acolhendo a teoria do valor, a teoria do fetiche, da guerra entre classes e a (i)lógica de autocontradição do capital, pudesse também abraçar sabedorias antigas, cosmologias edificadas pelos povos das florestas e pelos povos dos desertos, pelos povos indígenas e pelo povo negro?

E se eu compreendesse que, do ponto de vista da física, uma energia pode ser infinita desde que esteja em movimento, como o brilho das estrelas que viaja anos luz e segue concreto ao nosso olhar mesmo depois que o corpo da estrela que o originou deixa de existir e morre?

E se a ciência fosse outra coisa, a política fosse outra coisa e a gente assumisse que não há nada que nos comprove sermos nós a única vida "inteligente" no universo?

E se, mesmo dentro desta galáxia em que estamos, no arranjo particular dessa dança gravitacional "terra" a gente percebesse que as plantas, que os rios, que as florestas e os bichos são vida "inteligente" aqui mesmo, avizinhada de nós?

Nada nessas ideias ameniza o fato inexorável de que estamos em guerra, e há uma batalha entre aqueles que tudo possuem contra aqueles que não possuem nem a si mesmos.

Nada nessas ideias ameniza o fato de que o capitalismo é um sistema falido, e tanto a fome quanto as guerras são prova intransponível de sua inutilidade como instrumento de organização da vida que busca ser livre.

Nada nessas ideias nos isenta da responsabilidade de assumir um lado e agir, viver para que se instale a liberdade como chão onde pisamos todos; chão de onde nascemos todos e chão para onde todos regressamos.

Nota 26. O menino São Matheus

Há muitas experiências criadoras no interior da fome, experiências insuspeitas a quem – de barriga cheia – olha com pena, condenação ou preconceito as nossas silhuetas balançando carnes magras penduradas nos ônibus, asfalto afora. As crianças não são, na fome, tratadas como seres incapazes de compreensão porque, pequenos ou grandes, temos de nos alinhar ao entendimento possível de nossa carência para seguir vivos e juntos.

Aprendemos o que é preciso e a dureza da vida adulta atravessa todas as nossas idades, porque a vida não é um jogo, mas jogamos todos e todas, com ou sem peças, no tabuleiro em que estamos posicionados, sempre como peões, com reis, rainhas, bispos e palácios a espreitar nossos passos.

Eu reunia as crianças naquela velha creche abandonada onde se amontoavam quase 100 famílias, remendando escombros para acolher o sono de suas noites.

No dia em que trouxe os recortes dos jornais para brincarmos de fazer chapéus e barquinhos, sentamos em roda no chão da calçada e, remexendo os papéis para escolher o material de seu barco, Matheus deu um grito e correu em minha direção.

Ele era um menino franzino, de olhos grandes e arregalados e sorriso faltando dentes. Matheus me agarrou chorando e me disse que gostaria de rasgar um jornal. Eu lhe perguntei por que e ele me disse que não queria mais ver fantasmas. Pedi a ele que me trouxesse o jornal e vi nele a foto de um cadáver em mais uma notícia sobre o assassinato de algum favelado. Eu lhe disse que, se ele ficaria feliz, poderia rasgar.

Ele então agarrou o jornal e, sentado ao meu lado e chorando, o picotou todo num sem fim de pedaços até que não sobrasse nada daquela imagem que o afligia.

Ele era filho da Lôra, uma jovem mulher destroçada pela pobreza, pelo machismo e pela falta de tudo. Alcoólatra, comungava do álcool para dar de beber a tudo que a ausência criava em seu espírito de mulher sozinha, que cata no lixo as sobras que lhe permitiam realizar-se como mãe provedora de alimento a quem ainda não se pode alimentar só.

Poucos dias depois ela iria parir um segundo filho ou filha e me pediu que ficasse com Matheus até que ela voltasse pra casa.

Eu e Matheus ficamos os dois bem felizes de estarmos juntos, nós nos gostávamos e, embora eu fosse adulta e ele fosse criança, nós éramos amigos, nos ensinávamos e sentíamos prazer na companhia um do outro.

Nessa época eu era uma adulta de 20 anos vivendo com um homem num pequeno apartamento que alugávamos no centro da cidade. Este homem não estava em casa por estes dias, viajava já há algumas semanas.

Matheus apertava todos os botões do elevador e eu não pedia que parasse porque pra ele era um mundo tão novo aquele elevador cheio de luzes, espelhos e saídas.

Na terceira noite em que estávamos juntos, ele me contava que sentia dor, mas não conseguia me explicar onde era. Ele chorava e eu chorava.

Eu lhe fazia massagem, lhe oferecia algum doce e observava sem saber o que fazer.
Percebi quando ele começou a tremer. Medi sua temperatura e eram quase 40 graus de febre.
Desesperada, vasculhei tudo à procura de algum remédio que pudesse baixá-la e não achei nada.
Eu lhe disse que ele precisava tomar um banho.
– Mas eu tenho muito frio, tia.
– Tomaremos banho juntos então.
Entrei no chuveiro frio, com Matheus em meu colo chorando e eu chorava também.
O banho baixou um pouco a quentura mas o medo de algo acontecer a ele me acendia uma luz amarela e eu precisava levá-lo ao médico.
Saí de casa desgrenhada e de chinelos, com aquela criança de 5 anos nua nos braços, chorando, sem saber bem o que fazer para que ele deixasse de sofrer.
As travestis que trabalhavam na rua em que eu morava se aproximaram e me perguntaram se eu estava bem. Desabando no choro lhes contei em um segundo que iria levar o menino ao médico e elas me disseram que eu fosse com Deus e com São Cosme e Damião.
Eu caminhava a pé porque já não era mais horário de ônibus nenhum e eu não tinha carro e nem dinheiro para ir até o hospital.
Eu carregava Matheus nos braços, com um calor tremendo do ambiente e da febre e lhe inventava histórias embargadas de meu choro para distraí-lo.
Eu rezava, precisando muito acreditar em Deus, pra que me permitisse ter forças de levá-lo e cuidá-lo em tempo.
As pessoas cultas nem sempre compreendem porque é que os pobres acreditam em deus. Na pobreza a vida é, por vezes,

um milagre que não se pode explicar. Na pobreza a vida é, por vezes, um desejo que não se pode explicar e talvez a quem não sente fome seja também difícil entender.

Eu chorava suplicando com medo e também sentia ódio. Se não fôssemos tão pobres, os infortúnios bestas das vidas normais não doíam tanto.

Não é à toa que os pobres sempre parecem mais velhos do que são, enquanto as pessoas das classes, que se autocuidam, sempre parecem mais jovens e mais frescas do que é a idade que possuem no papel.

É que a fome gasta os corpos, a fome gasta os músculos, a fome gasta aquilo que outros corpos têm de reserva, a fome resseca, desidrata, tritura como um massacre, a fome te engole, engole seu tempo, come sua idade, alucina sua inteligência, rouba seu juízo, solapa seu talento, incrua sua habilidade e sua potência.

Difícil viver com fome, difícil crescer com fome, difícil pensar com fome e, no entanto, cá estávamos, eu e Matheus, vivos, fazendo um ao outro crescer e pensando, até onde a febre, o calor, a doença e o ódio desesperado por preservar-se permitiam.

Não era grave o que tinha Matheus e, depois de horas a esperar entre acidentados e pacientes de rosto bexiguento e sulcado pela desgraça, ele foi medicado e nós voltamos para casa a pé, ele nos meus braços, e não chorávamos mais.

Ele dormia e eu seguia rezando, pedindo agora que chegássemos em casa, sãos e salvos.

Chegamos.

Eu o coloquei em minha cama para que pudesse observá-lo dormindo.

Antes de me deitar, acendi um cigarro na pequena janela da sala que dava para a rua povoada de travestis benzedeiras, de viadutos e carros.

Matheus nunca soube o quanto essa noite cravou em mim o sentimento fundo de quem responde, na fome, por si e por outros que de si dependem.

Tanto me ensinam as crianças. Sempre peço ao universo que as crianças da fome tenham por perto jovens adultos e travestis para protegê-las. Sempre peço que a fome se acabe e que um dia não tenhamos mais de rezar pelas crianças da fome.

O amor, na fome, dói como agonia que nunca se resolve, e ainda assim nos salva da febre e da brutalidade a que estamos submetidos todos os dias.

Nota 27. Agua Marfil

Ya te regalé
Muchas puertas abiertas
Desde adentro
De mi casa mayor,
Caracola.

No me pidas para quedar

No hay manera
De que mi cabeza
Se pueda aislar
De lo demás
De mi.
Solo puedo estar
Si esta mi cuerpo.
Solo puedo estar
Si esta mi agua,
Marfil.

No me pidas para quedar,
Caracola.

Tomá-te um mate
Descansa.
Ya he visto tu mirada cansada
Y ya te econtré
Sentada
Cantando, solas
Al rededor del
Fuente llena de grillos
Y ninguna palabra
Más.

No me pidas para quedar.

Sabés tanto
Y no lo adivinas
Ni los mapas
Astrológicos
De tus cadenas alimentarias
De amor?
Callate de decir
Escondiéndose
Bajo las literaturas.
Ya sé tu camino torcido
Y que tienés miedo.
Ya escuché tu ronquido,
Conozco tu piel
En el invierno
Y ya lo vi llorar.

Qué querés más, Caracola?
Siquiera me lo dices.

Ya te desnudaste
Un poco
En nuestros planes
De subversión.
Acortaste la brecha
Encontrando palabras tuyas
En mis panales
Y comunismo crudo,
Salvaje.

No me pidas para quedar.

Vuela,
Ya me diste de comer
Hasta este punto.
Si no bajás
Las armas y si no
Adentras la agua funda
Del rio,
Que no es marfil
Porque ébano,
Ya no podemos caminar,
Caracola.
Y yo soy caminante,
No hay como quedarme
Si no me dejan caminar
Hacia dentro
Hasta el fondo
Hasta el cielo
Sin parar,
Quedando.
Camino y muevo los pies, Caracola.

Mi cuerpo entero existe en cada paso que dan mis ideas,
Y cada paso que doy tengo que sostener, hacen ya muchos años.
Me destrozé un par de veces,
Realmente duele.
Pero no más
Que el miedo
Estrechando mis venas.

Tengo 34 años,
Síndrome de pánico
Y ningun miedo del abandono, Caracola.
Me acompaña mi cuerpo,
Toda la vida,
Hasta la muerte.
És lo más concreto que tengo,
Es de donde salgo
Y es adonde llego.
Es mi territorio
húmedo
Amazônida.
Tengo 34 años
Y solo puedo estar
Si esta mi cuerpo.
Solo puedo estar
Si esta mi agua,
Ébano, marfil,
De mil colores.

Y si no estoy, me voy,
Caracola.
Estamos en punto.

El reloj de las lunas
Solo habita
Los cuerpos.

Nota 28. Velório de quintal

Nem 35 anos eu tinha... chegou uma notícia e eu fiquei sentada, chorando sem entender como é que o mundo ficaria agora.

Cada pessoa ocupa um lugar no mundo que ela própria cava, é um buraco que fica com o formato de cada qual e que não cabe ninguém mais. O buraco onde vivia minha avó era grande demais e eu nunca tinha pensado em como eu seria se ela não houvesse passado por mim e atravessado meu espírito com sangue e fumaça.

Tudo e cada coisa que aprendi sempre me remeteram a pedras que ela jogava soltas nas conversas sobre os assuntos. Eu morri um pouco e nasci um pouco, porque um pedaço se foi, que era o meu pedaço de ser amparado nalgum cafuné urgente. E nasci um pouco porque a vida nos convoca a ser aqueles e aquelas a quem amamos e admiramos.

Mas como é que se faz isso?

Não há quem saiba ao certo e não há quem não aprenda um pouco, ainda que na marra.

Meses depois, recebi a notícia e ainda não tinha 35 anos.

Meu tio se cansou de arrastar sua cadeira de rodas entre as casas que ocupamos na margem do córrego. Precisávamos velar outra vez e fazer todas as despedidas bem feitas, mas ainda não estalava em nós o vigor necessário; era outro outono forçado, antecipado, não sei bem explicar.

    O choro vai ficando escasso e as carpideiras cumprem o nobre papel de emprestar aos nossos olhos, ressecados da fome, os lamentos que precisam embalar o sono eterno dos pobres quando descansam de vez.

    Era preciso fazer café e encher todas as garrafas outra vez. Alguém precisava ir ao mercadinho comprar nem que fosse um pacote de biscoitos. Passar a noite pensando em como somos um sopro gasta muito da gente, e na madrugada a fome vem, é certo.

    Eu pensava essas coisas e me dava conta de que também eu tinha ressecado um tanto. O chão, molhado demais, nem sempre segura de pé as estacas, e a firmeza exigia que nós segurássemos uns aos outros, uma vez mais.

    Quem é muito pobre só tem mesmo a si e aos seus, e a nossa riqueza é inteiramente composta de gente pobre e faminta como nós. E, no entanto, quando alguém morria, essa pobreza aparecia gigantesca diante dos olhos arregalados, como aquela história do homem que só encontrou a terra que tanto queria em vida quando morreu.

    É muito duro aceitar ficar ainda mais pobre e a violência negadora que habita certo impulso às vezes aparece.

    As plantas perdem suas folhas todas para renascer, e o tempo ensina que é preciso que tudo cumpra o ciclo natural que equilibra a vida. Triste então é essa vida, tão adiada, tão sonhada de justiça e de pão, que nunca chega, e, aliás, a morte quase sempre chega primeiro.

    No barro que dá de comer aos mortos, a fome não existe mais.

    Velamos com alegria quando a vida também deu de comer.

Nota 29. A deusa da lua negra

Naquela lua crescente tudo parecia mais acelerado que o tempo das plantas. O mundo exige muito de nós, e se somos pobres a barriga marca o ritmo das contas por pagar, das vidas por nutrir e manter em meio à adversidade. O relógio dos patrões é o relógio do poder e estes ponteiros nunca respeitaram meu corpo, aliás, oprimem há séculos os corpos rebeldes de todas as mulheres que, à revelia de seus calendários, lutam pelo direito à vida e sangram mensalmente sem nenhum despertador.

O dia inteiro gasto em trabalhar e eu precisava mesmo era chegar em casa, arrancar os sapatos e desligar da máquina do mundo que sempre suga nossa seiva. Pensava nas mulheres que criam sozinhas seus filhos e atravessam vielas para encontrá-los nas noites em que se dividem entre o cansaço do trabalho em casas ricas, o trabalho de cuidar de suas próprias casas e as brincadeiras de filhos que são só seus e das comunidades em que habitamos.

Nessa época, eu já fumava um cachimbo e Dona Francisquinha me deu de presente folhas de sálvia que eu misturava ao tabaco e camomila para fumar enquanto descansava descalça, sentada na soleira da porta, olhando a lua, minhas plantas e meus cachorros no quintal. Essa era, todo dia, pontualmente a minha hora de encontrar meu tempo outra vez.

Eu juntava roupas trazidas por mulheres para entregar àquelas outras irmãs que tiveram suas cabanas incendiadas pelo fogo opressor dos homens que não respeitam os poderes femininos de gerar, nutrir e pôr no mundo.

Enquanto eu fumava, sonhando o dia em que todas as minhas irmãs pudessem se reconciliar com suas divindades, ouvi o cochicho de palavras muito sensuais entrando pelos meus ouvidos, mas não sabia de onde vinham.

Eu tive medo e, depois de olhar para todos os lados e não ver nada diferente, me acalmou a ideia de que fôra uma impressão minha e nada mais.

Uma pequena aranha escorregava num fio invisível e parou diante de mim, como uma lua encoberta por nuvens da minha fumaça. Me hipnotizava e eu soube que era ela quem falava comigo, dentro mesmo de minha cabeça. Numa tragada de cachimbo pude sentir que alguma coisa me tocava as costas e, de repente, senti suas patas enormes me envolvendo em teias. A aranha negra me abraçava e me curava olhando-me com dezenas de olhos azuis, piscando cada qual num segundo diferente.

Ela cantava em minha cabeça uma canção que dizia que eu poderia sim sentir raiva; cantava que as brincadeiras dos homens são brincadeiras apenas quando as mulheres também se divertem, senão são desrespeito de opressores. Cantava e fechava com seus fios minhas feridas abertas, tomando meu corpo e instalando presas em minha boca, capazes de espargir venenos aos homens que ferem mulheres.

Eu tive medo de entregar-lhe inteiramente meu corpo para matar a sua vontade de sentir o sabor do rapé. Chorei pedindo-lhe perdão e quando eu quase sufocava entre soluços, ela fechou meus olhos e me encerrou numa trama densa e branca, semelhante aos túneis que se formam nos inhames que desintegram de dentro para fora da casca. Então eu me deixei levar e os túneis se encheram de seiva branca, eu pude respirar.

 Ela me fez saber que era também deusa da paciência, dos tempos passados e futuros e me disse que sua ira somente desperta com a maldade de tudo o quanto sufoca e oprime as suas filhas. Me fez saber que o feminismo habita na curanderia dos chás que curam, que habita nas indígenas e negras escravizadas pelo poder colonial e masculino, que habita nas mulheres pobres que nutrem a vida mesmo atravessando a fome.

 Me fez saber que ela usou seu poder para intervir na história e aplacar a fome que se abatia sobre a terra quando faltaram-nos os grãos de Deméter e também que ela é o poder de todas as mulheres que intervém na história para destruir a fome, a fome dos grãos e a fome de liberdade das mulheres selvagens. Me fez saber que é justa a ira contra os homens que oprimem mulheres e contra mulheres que oprimem outras mulheres.

 Me fez saber que meu corpo já estava entregue, posto que a feitiçaria que vive em nós se põe em marcha nas ruas, lutando pelo mundo onde caibamos todas, em círculos de cânticos, irmanadas aos rios e às terras por onde pisamos.

 Me fez saber que entregar-me a ela é entregar-me a mim mesma e ao sagrado adormecido que se levanta contra a opressão para dar de comer à toda natureza oprimida e faminta.

Nota 30. Agroecologia

Eu cheguei naquela reunião sem ter a menor ideia de como seria a conversa. Não que faltassem horas de reunião na minha vida. Na verdade, cheguei a essa reunião depois de ter abandonado todas as que eu conhecia. Elas me ensinaram coisas, mas era preciso seguir aprendendo e elas haviam estagnado. Eu queria seguir me movendo. Então parei. De ir. Mas essa era diferente. Tão diferente que até eu, com tantas horas de reunião, não poderia imaginar como seria.

Na apresentação da dúzia de pessoas sentadas numa roda na grama e com vários mosquitos por todos os lados, eu esperava que dissessem o nome e o lugar onde viviam. Mas as pessoas apresentaram-se falando da sua contradição. Elas contavam: eu vim até essa reunião discutir o assunto, mas preciso dizer que vivo um dilema grande com ele. Alguns diziam que seu problema era o fato de que nunca levavam o assunto – quando na prática – até suas consequências mais radicais; rupturas imprescindíveis com o sistema. Outros diziam que mesmo realizada parcialmente, a agroecologia operava alguma ruptura, talvez em âmbito individual. Então, chegou-se a outra questão: individualmente a ruptura pode ser apropriada, enlatada, e comercializada no balcão da vida *fitness* ou sustentável, orgânica. Não servia a nenhum de nós essa possibilidade. Ao mesmo tempo, a agroecologia poderia figurar como certo horizonte – não futuro, mas passado – de como a vida pode se arranjar sem injustiça, exploração, opressão e subalternização de nenhuma forma de vida, humana e não humana.

O rapaz que parecia ser o mais radical deles disse, bem rápida e claramente: Eu me chamo sicrano e a mim o que me traz aqui é que gosto de plantar. Apenas isso. Sem tantas questões ou dilemas. Quero saber como plantar melhor.

Depois de algumas falas, ele cumprimentou seus conhecidos e saiu, antes que a palavra me chegasse para dizer-lhe uma coisa.

Eu poderia realmente achar bonita toda aquela firmeza serena, que imitava tão bem a firmeza dos filósofos-matutos que já conheci vida afora. Poderia me sentir muito feliz em ver um homem, evidentemente da universidade, se negar a expor um arsenal de razões científicas, biológicas, lógicas, antropológicas, químicas e dar lugar apenas ao sentimento mesmo de gostar do que se faz, dessa relação com a terra que nos desenvolve o espírito e nos alimenta de seiva vital.

O que eu queria dizer a ele é que, embora eu compartilhe da fundura de sua razão maior, em sua condição ele não pode apenas negar-se a participar, não pode apenas recusar seu prêmio no jogo meritocrático do capital. É essencial que o faça, é apaixonante que o faça, porque ao fazê-lo se recusa a apropriar este sentimento transformando-o em mais uma pecinha do saber ocidental encaixotado. Mas é pouco. É só metade. É onde quase todos os mais radicais paralisam. No meio. Vindo de um lado ou de outro.

Eu pensava nas hordas de favelíndios, nos milhões de descendentes afroindígenas arrancados da terra, amontoados, proliferando de maneira frenética e débil pelas choças de periferias industriais do progresso – que come carne e sangue de pobres alimentados de fome. Eu pensava: O que farão eles? O que fazer neste país onde a terra está superconcentrada? Onde o colonialismo marcou com ferro quente a divisão racial entre classes? O que fazer se a propriedade privada bloqueia a reconexão com a terra para manter nossos braços acorrentados à moenda do desenvolvimento?

Talvez o moço pudesse desaparecer para algum lugar do mato e se esquecer que a Babilônia existe, irmanado com a experiência da vida que se alinha ao ritmo das coisas vivas e sábias.

Eu fui até aquela reunião depois de abandonar todas as outras, porque cheguei a algumas conclusões – a diminuição dos véus me permitiu ver que plantar não precisa ser explicado, precisa ser feito, e não diz respeito apenas à terra mas também a nós mesmos e a nós que temos nos transformado.

Mas embora eu pudesse também ir pra algum mato, as pessoas da Babilônia de onde parto são minha família e não posso esquecer-me dela. Não posso me esquecer do meu sangue, dos tios amputados por doenças que a cidade desenvolve em quem ela arrancou da terra. De gente que o mundo mata de fome roubando a comida ou entupindo as casas de venenos lucrativos; não posso me esquecer dos cem remédios que minha avó ingeria depois que a igreja lhe convenceu que a curanderia indígena era coisa de espíritos maus. Não posso me esquecer que, mesmo assim, ela me aconselhava a não tomar remédios porque, se eu não ia à igreja, melhor mesmo era se tratar com as ervas.

Isso eu queria dizer para lhe explicar que não posso apenas decidir não fazer parte. Ele, que aprendeu tanto ao ponto de saber que a palavra às vezes sobra, não poderia com tudo isso apenas ir pro mato e viver ele mesmo de maneira distinta. Estava correto que ele não pode falar por nós, está certo que ele precisava abrir mão de seus privilégios e viver da maneira como acredita que se deveria viver. Mas fazer isso e abrir mão de tentar fazer mais é também um privilégio. Eu pensava em como amalgamar as nossas ausências nalguma alquimia que desse de comer ao que precisávamos transformar para matar as nossas fomes todas.

Apêndice
Nota 31. Feira Literária

Me desculpem pelo dia de ontem...
Tudo estava muito estranho.
Eu tinha um livro na mão e nele eu conseguia ler meu nome.
Quem escreveu meu nome naquele livro? Será que era alguém que eu conhecia? Oxe! Mas e daí, se eu conhecia? Escrevesse o nome dele ou dela, não o meu!
Era estranho.
Desculpem por ontem.
Nunca fiz isso, mas me deu uma coisa... tava um calor e, quando eu vi, tava escrevendo no livro dos outros. Imagina só escrever no livro dos outros! No livro novinho dos outros! Eu não deixo desconhecidos ficarem escrevendo no meu livro novinho. Que coisa de doido!
Encontrei minhas irmãs; a gente estava comemorando o calor.
Mas era assim mesmo e quando faz calor a gente comemora, desde pequenas, por essas pracinhas banhadas de encruzilhadas perigosas.
Era normal mesmo, mas ainda assim, estava estranho.

Na minha mão, aquele livro, estranho, onde alguém escreveu meu nome fazia recordar.

– Quanto é?

Eu nem sabia reagir.

Essas ideias são de quem? Quem escreveu esse livro? Isso vale alguma coisa pra custar algum dinheiro? Que estranho!

– Tem maquininha?

Maquininha. Que burra! Como foi que eu não pensei na maquininha? Como assim, maquininha? Cadê a virginiana do meu mapa astral, meu deus!?

Tava perto, vendendo porções de bruxaria que sumiram num piscar de olhos, do lado da barraca onde o Oráculo guardou a bolsa – pra ir comprar copos descartáveis – e onde a Sereia da Guarapiranga desfilava a cauda toda azul na festa, vendendo bolos com pinturas rupestres e desenhos políticos.

A virgem do mapa caiu na minha "casa da família" e é mãe daquele meu sobrinho alquimista, de quem já falei e que está me dando algumas aulas sobre tegueros e pichadores.

Mas isso era assim mesmo.

Pichadores e índios.

Quem não entende a conexão entre os favelados e os indígenas não entendeu que nós também passamos a edificar inconscientemente uma mitologia que pôde acolher nosso passado, lembrado a cada instante em nossa cor e reafirmado em nosso CEP e dívidas.

Nessa nossa mitologia temos chefes.

Nem pense que isso tem a ver com nada.

Isso tem a ver com índio.

Quem é o chefe? A cada momento é alguém, não sabemos. Não é essa a pergunta. Que pergunta estranha! Quem é o chefe? Eu, hein! Às vezes é uma menina de 18 anos, às vezes é um homem de chave de fenda, pode ser um louco que prega papelão nos postes ou Obaluayê nascido no Pirajuçara. Sei lá, qualquer um, depende. Não faça essa pergunta que ela está estranha. Vai achar resposta errada perguntando isso. Nós temos evoluído em luta permanente.

 Quase sem palavras à disposição, nós forjamos o idioma pelo qual nos reconhecemos e reinventamos lentamente nossa existência à luz de nós mesmos.

 Pudemos enxergar o desastre que é o projeto de mitologia de sucesso que nos oferecem como prêmio. Já não queremos ser aqueles que nos exploram, como também não queremos afirmar um plano de mundo maravilhoso que todos aceitem e se incorporem, nós não queremos impor o nosso modo a ninguém. Nem sabemos explicar que modo é esse. Nós só queremos ficar em paz para viver as praças do nosso lugar à maneira como nós elegermos, impressa nesse modo afro-indígena-cibernético que não cabe na distopia de esqueleto em aço.

 Tinha mais gente, tinha uns conspiradores e reuniões bagunçadas no meio daquela batucada de alto-falantes. Mas isso era assim mesmo, a gente sempre conspirou escondidos sob a zuada das maquinarias ou do tambor, esconderijos do nosso cochicho planejando a queda do céu [deles].

 Eu dancei até as pernas doerem com as Bruxas do Jardim São Luís, conversei com O bordadeira vindo de Minas Gerais e fumei com os erês do Grajaú, enquanto falavam de Marx e ocultavam bombinhas do olhar giroflex.

 Encontrei o mercador de Veneza que está, outra vez, empenhado em organizar os camelôs e ele também tinha um livro na mão. Era um livro igual ao outro e também tinha meu nome.

 Olhei ao lado e vi dezenas iguais a mim, como numa linha de produção, enfileirados e sentados, cada qual em suas cadeiras, ferramentas à mão, funcionando por sistemas de rodízio próprios que garantiam as saídas pra um pedaço da prosa do Marcelino Freire, encantador de serpentes que aparece sempre quando estamos na pracinha. Ele conta coisas sobre as viagens que faz por aí e depois apresenta um número de mágica: Pá! E todo mundo de olho grudado numa palavra que ele fala dentro de uma bolinha ou escreve num pedaço de papel.

Ninguém precisava mesmo de um patrão ou de um prefeito, pra quê?

Todo mundo toca tambor e todo mundo quer tocar.

Eu não falei que a gente sempre dança ciranda? Eu falei. Falei que é sempre assim, mesmo quando ninguém diz, todo mundo já sabe que alguma hora a gente vai dançar. Mas quem mandou chamar ciranda? Ninguém. Ninguém manda nada, como assim quem mandou?

Éramos trabalhadores, fazedores de livros, investigadores da vida sem um real de troco e nem maquininha, funcionando incompreensivelmente ao olho torto.

O erê falou:

– Vai ter reunião?

– Sim. Agora que acabou o ritual, já sabemos um pouco de cada um.

E foram todos embora levando o cachimbo do mercado, escondido no bolso de dentro do jaco.

Já no final, parou do meu lado um pajé e uma cacique, estavam mortos de cansaço, ela estava de chinelos, com sacolas cheias de semente para dar a quem não comeu e ele voava o olho, também cansado, me contando sobre o Banqueiro que criou aquele país que mata os outros.

Chefe não tem privilégio, ao contrário.

Eu disse a ele que faria sua carta astral, do pajé e da cacique. Andava estudando a lunação da política e queria ver.

Ele falou que tudo bem, que eu passasse pra um café com canela.

Uma Iara manauara chegou, eu entrei na canoa e seguimos do Pirajuçara ao Pinheiros, ela era da Amazônia e pra quem é de lá esses riozinhos são fiapos de água. A Amazônia é uma cidade bem maior que São Paulo, só não sabe quem nunca viu a enormidade, quando chega de avião, daquelas tubulações milenares que nem tem cano.

A matriarca chegou de Manaus.

Subi as escadas com uma caixa pesada.

Os cachorros sempre bagunçam quando estou tentando entrar.

Acendi as luzes, pus a caixa na cadeira e abri pra olhar o que tinha dentro.

Uma caixa de livros iguais, todos com meu nome escrito.

Quem escreveu isso, meu deus?

Dar-se conta da alienação em curso naquilo que produzimos.

Que estranho.

Desculpem por ontem.

Este livro foi composto com tipografia Minion Pro e impresso em papel Bivory 65g e MetsaBoard Prime Fbb Bright 235g na gráfica Paym, para a Editora Expressão Popular, em agosto de 2021.